세계를
움직이는
국제기구

세계로 한발짝

세계를 움직이는 국제기구

1판 1쇄 발행 2013년 10월 1일
2판 1쇄 발행 2015년 10월 19일
3판 4쇄 발행 2025년 9월 1일

글 박동석   그림 전지은
펴낸곳 도서출판 봄볕   펴낸이 권은수   디자인 이하나   마케팅 성진숙
등록번호 제25100-2015-000031호   등록일 2015년 4월 23일
주소 서울특별시 서대문구 서소문로 37 1406호 (합동, 충정로대우디오빌)
전화 02-6375-1849   팩스 02-6499-1849
전자우편 springsunshine@naver.com   홈페이지 http://www.bombyeott.co.kr
스마트스토어 https://smartstore.naver.com/shinybook
인스타그램 @springsunshine0423
ISBN 979-11-955303-7-3 73300

• 책값은 뒤표지에 적혀 있습니다. • 봄볕은 올마이키즈와 함께 어린이를 후원합니다.
• 이 책은 콩기름을 이용한 친환경 방식으로 인쇄했습니다.
• KC마크는 이 제품이 공통안전기준에 적합함을 의미합니다.
• 이 책은 저작권법에 따라 보호받는 저작물이므로 무단 전재와 복제를 금합니다.

세계를 움직이는 국제기구

어린이의 꿈을 키워 주는
열일곱 가지 국제기구 이야기

글 박동석   그림 전지은

봄볕

세계는 하나,
경쟁을 넘어 화합과 협력으로!

우리가 살고 있는 세계는 각 나라마다 경제적, 정치적, 사회적, 지리적 환경이 모두 달라요. 더욱이 국제사회가 발전하면서 나라와 나라 사이의 관계는 시시때때로 변하지요. 이제 어떤 나라도 혼자만의 힘으로 살아가기란 불가능해요. 국제무역이 늘어나면서 나라 간의 교류는 무엇보다 중요해졌어요. 서로 협력하기도 하고 경쟁하기도 하면서 때로는 심각한 문제가 발생하기도 하지요.

    나라 간에 문제가 일어났을 때 함께 조정하고 해결해 가기 위해 국제기구를 만들었어요. 국제기구는 주권을 가진 2개 이상의 나라들이 조약에 의해 만든 국제협력단체예요. 국제법에 의해 설립

되며 독자적인 지위를 갖지요.

몇십 년 전까지만 해도 많은 나라는 자국의 이익을 위해 끊임없이 서로 빼앗고, 빼앗기는 전쟁 속에서 살아왔어요. 물론 지금도 전쟁이 완전히 사라진 것은 아니지만 예전처럼 많이 일어나지는 않아요. 전쟁을 하면 승전국과 패전국 모두 큰 피해를 입을 뿐만 아니라 전쟁으로 파괴된 시설들을 복구하는 데 어마어마한 자원과 시간이 필요하다는 사실을 깨달았기 때문이에요.

그래서 전쟁보다는 화합과 평화, 모두가 함께 잘 살 수 있고, 행복할 수 있는 길을 찾기 시작했어요. 세계 곳곳에서 일어나고 있는 심각한 갈등이나 문제를 잘 조정할 수 있는 단체나 기구가 필요했지요. 우리가 알고 있는 국제기구들은 국제사회의 이런 필요에 의해서 하나씩 만든 것이랍니다.

국제기구 중 가장 대표적인 것이 바로 유엔(UN), 즉 국제연합이에요. 유엔은 제2차 세계대전이 끝나고 전쟁 방지와 평화 유지를 위해 설립되었어요. 우리나라의 반기문 사무총장이 국제기구 중 가장 규모가 큰 유엔의 모든 업무를 총괄한 적도 있지요.

지금은 유엔뿐만 아니라 많은 국제기구들이 활발하게 활동하고 있어요. 갈수록 복잡해지는 세계정세 속에서 모든 나라가 힘을 합쳐 함께 발전해 나가려고 노력하고 있지요. 세계 곳곳의 다양한 문제와 갈등을 해결해야 하는 만큼, 국제기구는 세계 여러 나라 사람들이 어울려 일하는 곳이기도 해요.

　우리 친구들도 이다음에 이런 국제기구에서 일해 보면 어떨까요? 좀 더 넓은 세상에서, 다양한 국적의 사람들과 어울려 세계의 발전과 행복을 위해 일하는 것도 참 의미 있는 일일 거예요. 이 책은 우리 친구들의 그런 꿈을 키워 주기 위해 썼답니다. 그리고 무엇보다 많은 사람들이 국제기구가 생겨난 이유를 기억하며 작은 실천이라도 함께하길 바라는 마음입니다. 전쟁과 파괴보다는 화합과 평화를 위해, 자신의 이익과 욕심보다는 모두의 발전과 행복을 위해 살아야 한다는 국제기구의 정신을 우리 친구들도 잘 배우고 이어받으면 좋겠어요.

　여러분들이 보다 높은 꿈을 꾸고, 좀 더 큰 세상을 보는 데 이 책이 작은 보탬이 되길 바랍니다.

박동석

차례

5 　책을 읽기 전에_ 세계는 하나, 경쟁을 넘어 화합과 협력으로!
10 　한눈에 보는 세계의 국제기구

1장　평화와 협력을 위한 국제기구

14 　지구는 우리가 관리할게 • 유엔(UN)
32 　유럽은 하나의 국가야 • 유럽연합(EU)
40 　평화로 가는 지름길을 만들자 • 유엔 교육과학문화기구(UNESCO)
50 　원자력의 평화적인 이용을 위하여 • 국제원자력기구(IAEA)

2장　경제 발전을 위한 국제기구

62 　국가 간 통화 거래는 우리에게 맡겨 • 국제통화기금(IMF)
70 　선진국으로 인도하는 경제 안내자 • 경제협력개발기구(OECD)
78 　국가 간 모든 상품의 거래는 우리가 감독할게 • 세계무역기구(WTO)
86 　돈을 빌려 드립니다 • 세계은행(WB)

3장   스포츠와 건강을 위한 국제기구

- 98   지구촌의 평화는 스포츠를 통하여 • 국제올림픽위원회(IOC)
- 112   축구는 우리가 관리할게 • 국제축구연맹(FIFA)
- 124   우리의 목표는 전 인류의 건강 달성 • 세계보건기구(WHO)

4장   인권 보호를 위한 국제기구

- 136   의사에게 국경은 없다 • 국경없는의사회(MSF)
- 146   지구촌 어린이들의 보호자 • 유엔아동기금(UNICEF)
- 154   세계 모든 노동자들의 대변인 • 국제노동기구(ILO)

5장   환경과 문화를 위한 국제기구

- 166   아름다운 지구를 만들자 • 그린피스(Greenpeace)
- 176   환경 분야의 세계은행 • 녹색기후기금(GCF)
- 184   지금은 커피 전성시대, 우리가 필요해 • 국제커피기구(ICO)

한눈에 보는 세계의 국제기구

1장

평화와 협력을 위한 국제기구

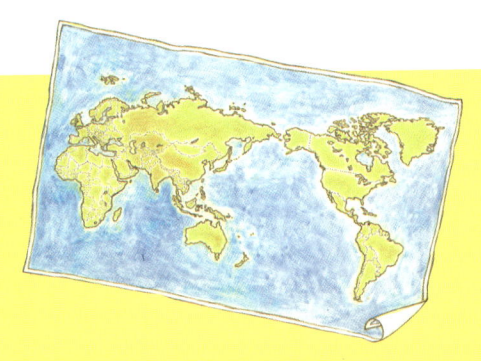

UN
유엔

EU
유럽연합

UNESCO
유엔 교육과학문화기구

IAEA
국제원자력기구

지구는
우리가 관리할게

유엔(UN_United Nations)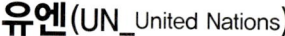

① **설립 연도:** 1945년 10월 24일
② **본부:** 미국 뉴욕
③ **가입국:** 193개국
④ **우리나라 가입 연도:** 1991년

지금으로부터 30여 년 전, 막강한 군사력을 가진 이라크가 옆 나라 쿠웨이트를 침공했어요. 당시 쿠웨이트는 이라크보다 군사력이 약했기 때문에 순식간에 수도가 함락되었어요. 그런데 뜻밖에도 이 전쟁에서 진 나라는 이라크였고, 상대적으로 힘이 약한 쿠웨이트는 나라를 온전히 지켰어요. 어떻게 이런 일이 가능했을까요?

세계의 많은 나라가 이라크의 침략에 맞서 힘을 합했기 때문이지요. 옛날이라면 이런 전쟁에서 당연히 쿠웨이트처럼 약한 나라

가 졌을 거예요. 하지만 지금은 힘이 강하다고 해서 함부로 다른 나라를 침공할 수도 없을 뿐만 아니라 무조건 이길 수도 없어요. 세계 여러 나라가 모여 만든 유엔 덕분이에요.

　유엔의 창설 목적을 한마디로 말하면 '국제 평화와 안전 유지'예요. 국가 간에 친목을 도모하고, 경제적·사회적으로 협력하자는 것이지요. 이라크가 쿠웨이트를 침공했을 때도 유엔은 전쟁을 중단하기 위해 중재자 역할을 톡톡히 하였어요.

　지구상의 모든 나라가 평화를 이루려면 전쟁은 반드시 사라져야 해요. 그래서 전쟁이 일어날 위험이 있는 지역에서 안전 유지를 위해 힘쓰는 것은 아주 중요한 일이에요.

흔히 전쟁이라고 하면 다른 나라의 영토를 빼앗기 위해 무력으로 싸우는 것을 생각할지 모르지만 오늘날의 전쟁은 그것만을 의미하지 않아요. 우리가 살아가는 데 필요한 것들을 얻기 위해 크고 작은 다툼들이 세계 곳곳에서 수시로 일어나고 있지요. 곡식을 비롯한 식량 전쟁을 벌이기도 하고, 에너지나 환경 전쟁을 일으키기도 해요. 그런 상황에서 지구의 평화와 안전을 유지하는 것이 바로 유엔의 역할이에요.

유엔은 산하에 수십 개의 기구를 두고 전 세계의 각 분야에서 일어나는 다양한 일들에 관여합니다. 유엔은 규모가 크기 때문에 운영비도 많이 드는데, 회원국들이 내는 분담금(회비)으로 운영해요. 분담금은 각 나라의 국민소득에 따라 정해지므로 잘사는 나라는 많이 내고, 가난한 나라는 적게 내지요. 분담금은 주로 평화 유지 활동에 쓰여요. 평화 유지를 위해 세계 곳곳에서 약 8만여 명의 군인이 임무를 수행하고 있는데, 여기에 가장 많

유엔 본부

유엔 평화유지군

은 돈을 쓰고 있어요. 2022년 기준으로 분담금을 가장 많이 내는 10개국은 미국, 중국, 일본, 독일, 영국, 프랑스, 이탈리아, 캐나다, 대한민국, 스페인이에요.

유엔은 대표적인 국제기구답게 사용하는 공식 언어도 많아요. 영어, 프랑스어, 스페인어, 러시아어, 아랍어, 중국어까지 모두 6개 언어를 사용해요. 그래서 유엔에서 발송하는 모든 공문 또한 6개 언어로 작성된답니다.

국제기구들 중 가장 규모가 큰 유엔은 효율적인 운영을 위해 6개의 주요 기관을 두고 있지요. 총회, 안전보장이사회, 경제사회이사회, 국제사법재판소, 사무국, 신탁통치이사회입니다.

각각 무슨 일을 하는지 살펴볼까요?

🌏 회원국 전체가 참여하는 회의 – 총회

　총회는 유엔에 가입한 회원국 전체가 모여서 중요한 안건을 의논하고 결정하는 전체 회의예요. 유엔의 대표 기관이자 다른 조직들이 할 일을 지시하고, 책임을 지는 곳이지요. 유엔에서 중요한 일을 하는 사람을 선출하는 곳이기도 한데, 유엔의 모든 업무를 총괄하는 사무총장도 총회에서 뽑는답니다. 우리나라의 반기문 총장도 총회에서 선출되었어요.

　총회는 매년 9월 셋째 주 화요일에 열리는데, 보통 3달 정도 계속돼요. 경우에 따라서는 특별총회라고 하여 따로 열리기도 해요. 총회에서 결의한 내용 중 가장 유명한 것은 '세계인권선언(세계인권선언기념일은 12월 10일)'이에요. 쉽게 말해 인간이 인간답게 살 권리가 있다고 규정한 선언으로 1948년에 채택되었어요.

　물론 총회에서 결의한 인권선언은 법적 구속력은 없어요. 어느 나라에서 인권을 무시했다고 해서 법적으로 제재를 가할 수는 없다는 뜻이에요. 하지만 이런 인권선언을 통해 인권에 대한 관심을 한층 더 높일 수 있으므로 큰 의미가 있어요.

　지구상에 존재하는 모든 생명체 중에서 인간이 가장 존엄한 존재이므로, 어떤 어려운 상황에서도 인간을 가장 먼저 생각해야 해요. 인간이라면 누구나 자신이 누려야 할 기본적인 권리인 '인권'

을 소중히 여기고 당당하게 주장할 수 있어야 해요.

🌍 세계의 안전은 우리가 보장할게 – 안전보장이사회

안전보장이사회는 국가 간 평화와 안전을 유지하는 역할을 해요. 유엔의 궁극적인 목적을 수행하는 핵심 기구이자, 가장 큰 힘을 발휘하는 곳이기도 해요. 뉴스에서 흔히 '유엔 안보리'라고 부르는 기관이 바로 안전보장이사회를 줄여서 부르는 말이에요.

안보리는 왜 가장 큰 힘을 발휘하는 곳일까요? 그 이유는 다른 조직에서 내리는 결정 사항은 대부분 법적 구속력이 없는 권고 사항인데 반해, 이곳 안보리의 결정 사항은 구속력이 있기 때문이에요. 쉽게 말해, 이곳에서 내린 결정을 따르지 않으면 군대를 동원하여 제재를 가할 수도 있다는 뜻이지요.

그래서 안보리에는 아무 나라나 들어가서 의견을 낼 수 없어요. 안보리는 상임이사 5개국과 비상임이사 10개국으로 구성되어 있으며, 특히 상임이사국인 미국, 영국, 프랑스, 러시아, 중국의 의견을 중요하게 받아들입니다. 만약 어떤 나라를 제재하려면 상임이사국들이 모두 찬성해야 가능하답니다.

이라크가 쿠웨이트를 침공한 1990년 걸프 전쟁의 경우, 유엔

안전보장이사회의 회의 장면

안보리가 없었다면 쿠웨이트라는 나라는 사라지고 말았을 거예요. 이라크는 자기 나라의 석유를 쿠웨이트가 몰래 채취하고 있다며 공격을 감행했어요. 군사력이 막강한 이라크 군은 쿠웨이트의 수도를 불과 3시간 만에 점령했지요.

이 사건을 두고 유엔은 이라크가 불법으로 쿠웨이트를 점령했다고 규정하고 철수하도록 촉구했어요. 그런데 이라크가 말을 듣지 않자 결국 안보리가 나서게 되었어요. 1991년 1월, 최신 무기를 갖춘 연합군이 이라크를 공격하기 시작했고, 이라크는 42일만에 항복을 했어요.

　옛날에는 힘 있는 나라가 약한 나라를 침략해도 나서서 말리는 나라가 없었지만, 요즘은 평화를 지키려는 기구, 즉 유엔이 그 역할을 해요. 그래서 예전처럼 강한 나라가 약한 나라를 쉽게 침략하지 못한답니다.

🌏 모두 잘사는 사회를 만들어 봐 - 경제사회이사회

　현대는 식량 전쟁, 자원 전쟁의 시대라고 할 만큼 경제를 중요한 문제로 인식하고 있어요. 모든 나라가 경제 수준이 비슷하다면 갈등과 싸움이 일어날 일이 없겠지만 현실은 그렇지 못하답니다. 식량과 자원이 풍부하여 아무 걱정 없는 나라가 있는 반면에, 당장 먹을 것이 없어 힘든 나라도 있어요. 이런 상황에서 식량과 자원이 풍부한 나라가 그것을 무기로 다른 나라를 억압한다면 갈등과 싸움이 일어나지요. 이런 경우 누군가가 조정자 역할을 해서 문제를 잘 해결해야 할 필요가 있는데, 경제사회이사회가 바로 그 조정자 역할을 해요.

　경제사회이사회는 유엔의 경제, 사회, 그리고 문화적 활동을 지휘하고, 조정해요. 활동 범위가 상당히 넓어서 여러 전문기구들과 협정을 맺고 함께 활동하고 있어요. 어떻게 보면 경제사회이사회가 다양한 전문기구들을 감독하는 역할을 하는 셈이에요.

인간이 행복하게, 잘 살기 위해서는 경제뿐 아니라 사회, 문화 등 모든 분야가 조화를 이루어야 하지요. 경제사회이사회는 다양한 분야의 기구들과 협력해서 일하기 때문에, 유엔의 기구 중 가장 두드러진 활동을 한다고 할 수 있답니다.

🌏 해결이 어려운 문제는 우리에게 맡겨
― 국제사법재판소

국제사법재판소는 국가 간의 법률적 분쟁을 재판으로 해결하기 위해 설립된 국제사법 기관이에요. 쉽게 법원이라고 생각하면 되는데 국가 간의 분쟁을 해결하니까 아주 중요한 곳이지요.

유엔의 다른 주요 기구들은 모두 뉴욕에 본부가 있지만, 국제사법재판소의 본부는 네덜란드 헤이그에 있어요. 헤이그는 일제강점기 때 일본의 부당한 한국 침략을 세계에 알리려던 이준 열사가 순국한 곳이기도 해요.

국제사법재판소는 국가 간의 분쟁을 해결하는 곳이긴 하지만 분쟁에 처한 두 나라 모두가 심판을 요청할 때만 나설 수 있다는

네덜란드 헤이그에 있는 국제사법재판소 평화궁

원칙이 있어요. 즉, 어떤 문제든 한 나라만 요청할 경우에는 판결을 내릴 수가 없지요.

재판소에서 사용하는 공식 언어는 영어와 프랑스어예요. 만약 당사자가 사건을 프랑스어로 처리하는 데에 동의하면 프랑스어로 판결하고, 영어로 처리하는 데에 동의하면 영어로 판결해요.

법원에서 판사의 역할이 중요하듯, 이곳에서도 재판관의 역할이 중요해요. 국제사법재판소의 재판관은 모두 15명인데, 임기는

9년이고, 연임을 할 수 있어요. 그리고 같은 나라 사람은 2명 이상 둘 수 없다는 규정이 있어요. 이들 재판관은 유엔 총회와 안보리에서 독립적으로 선출한답니다.

만약 재판소의 결정에 따르지 않는 나라가 있다면 총회나 안보리에서 제재를 해요. 그것이 경제적 조치나 군사적 조치일 수도 있기 때문에 재판소의 결정은 쉽사리 거부할 수가 없어요.

🌐 우리가 바로 국제공무원 – 사무국

유엔의 모든 직원이 함께 모여 일하는 곳이 사무국이에요. 유엔의 모든 일이 여기서 처리됩니다. 사무국 직원들은 세계 시민에게 봉사한다는 의미에서 '국제공무원'으로 불려요.

사무국에서 일하는 직원들은 외국어에 능통하고, 상호 협동성이 뛰어난 사람들이랍니다. 사무국 직원은 세계 각 나라, 각 지역에서 골고루 선발되고, 특정 국가에서 공무원으로 지내다가 파견되는 경우도 있어요.

직원의 임명은 사무총장이 합니다. 사무국의 수장인 사무총장은 단순히 유엔의 공무원이 아니라 세계 최고의 외교관이자 중재자예요. 때문에 국제사회에서 국가원수와 비슷한 대우를 받는답니다. 유엔의 기본적인 업무를 총괄하는 것은 물론, 국제사회의 분쟁을 조정하고, 국제적인 과제를 추진함과 동시에 회원국 간의 국가적 합의를 이루는 데 중요한 역할을 하기 때문이지요.

사무총장은 총회에서 선출되는데, 임기는 5년이에요. 특별한 문제가 없으면 한 번 더 연임할 수 있으니까 총 10년이지요. 유엔 출범 후 지금까지 모두 8명의 사무총장이 있었는데, 5년만 임무를 수행한 사람은 단 한 명뿐이었고, 모두 한 차례 더 임무를 수행했어요. 반기문 사무총장은 2007년에 취임하였는데, 2011년 연임에 성공하여 총 10년간 사무총장직을 수행했어요.

🌏 우리가 대신 다스릴게 – 신탁통치이사회

신탁통치는 '대신 다스린다'는 뜻이에요. 스스로 나라를 다스릴 능력이 없는 지역을 일정 기간 동안 대신 통치하는 것이에요. 이런 역할을 하는 곳이 신탁통치이사회예요. 보통 전쟁이 끝난 뒤 혼란을 겪는 국가들이 신탁통치를 받았지요. 신탁통치이사회는 1994년 이후 그 기능이 사라졌어요. 신탁통치를 해야 할 나라가 모두 사라졌기 때문이지요. 지금은 활동이 없는 기구니까 더 알아볼 필요도 없겠지요.

더 알고 싶은 국제기구 이야기

세계 최고의 외교관, 반기문 유엔 사무총장

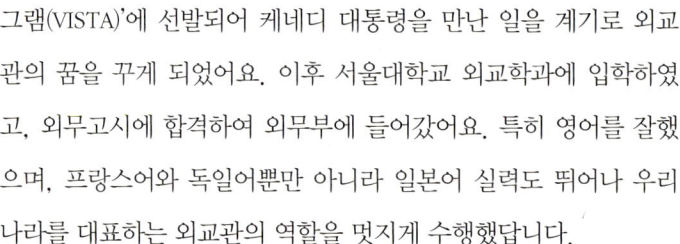

반기문 사무총장은 1944년에 충청북도 음성에서 태어났어요. 그는 고등학교 시절 '외국 학생의 미국 방문 프로그램(VISTA)'에 선발되어 케네디 대통령을 만난 일을 계기로 외교관의 꿈을 꾸게 되었어요. 이후 서울대학교 외교학과에 입학하였고, 외무고시에 합격하여 외무부에 들어갔어요. 특히 영어를 잘했으며, 프랑스어와 독일어뿐만 아니라 일본어 실력도 뛰어나 우리나라를 대표하는 외교관의 역할을 멋지게 수행했답니다.

외무부 미주국장, 대통령비서실 외교안보 수석비서관, 외교통상부 차관, 외교부 본부대사 등의 업무를 수행하다가 2004년에 외교통상부 장관이 되었어요. 외교통상부 장관으로 재직 중이던 2006년 2월 유엔 사무총장에 출마를 공식 선언하였고, 2006년 10월 14일 유엔 총회에서 제8대 사무총장으로 임명되었어요.

2011년 6월에 유엔 사무총장에 연임되었고, 2017년 10년간의 임기를 모두 마쳤어요. 반기문 사무총장은 임기 중 전 세계적으로 이슈가 되고 있는 기후변화와 핵확산 방지 등의 임무를 안정적으로 수행했다는 평가를 받았어요.

국제사회를 위해 애쓰는 공로가 인정되어 2006년에 '제6회 자랑스러운 한국인 대상 최고대상', 2009년에 '델리 지속가능개발에 관한 정상회담 지속가능개발지도자상', 2012년에 '미국 싱크탱크 애틀랜틱 카운슬 탁월한 국제 지도자상' 등 많은 상을 받았습니다.

그는 다음과 같이 말하며 인류를 위해 열심히 일하고 있습니다.

"모두 함께 이 고귀한 조직(유엔)이 전 세계의 인류를 위해 더욱 더 잘 봉사할 수 있도록 최선을 다합시다. 함께하면 어떤 도전도 무섭지 않습니다. 함께라면 불가능이란 없습니다."

유엔에서 일하는 사람들은 누구?

현재 수백 명의 한국인이 유엔을 비롯하여 여러 국제기구에서 일하고 있는데, 그 수는 해마다 조금씩 늘어나고 있다고 해요.

유엔에서 일하려면 어떻게 해야 할까요? 국제적인 단체니까 무엇

국제기구 채용 정보를 듣고 있는 사람들

보다 외국어를 잘해야 하는데, 적어도 2~3개 국어는 할 줄 알아야 일하는 데 지장이 없어요.

　그리고 전문적인 지식과 경험이 있어야 해요. 대학을 갓 졸업한, 경력이 거의 없는 사람들이 들어가기는 힘든 곳이거든요. 대학을 졸업하고, 자신이 일하고자 하는 분야의 지식이나 경험을 쌓아 놓아야 국제공무원이 될 수 있어요. 무엇보다 국제사회에 기여하겠다는 봉사 정신이 있어야 해요. 봉사와 희생 정신 없이 전 세계 사람들을 위해 일하기란 힘들지요.

　유엔에서 일하는 사람들은 각 나라, 각 지역에서 골고루 뽑아

요. 특히 유엔은 각 나라가 내는 분담금에 비례하여 직원 수를 조정하므로 꽤 많은 분담금을 내는 우리나라에 기회가 많다고 할 수 있어요.

유럽은 하나의 국가야

유럽연합(EU_European Union)

① **설립 연도:** 1993년
② **본부:** 벨기에 브뤼셀
③ **가입국:** 27개국
④ **통화:** 유로(EUR)

흔히 세계를 '5대양 6대주'로 나누는데, 5개의 큰 바다와 6개의 대륙으로 이루어졌다는 말이지요. 5대양은 태평양·인도양·대서양·남극해·북극해이고, 6대주는 아시아·아프리카·유럽·북아메리카·남아메리카·오세아니아예요.

유럽연합은 유럽 대륙에 속한 나라들끼리 서로 뭉쳐서 잘 살아 보자는 의미로 만든 기구예요. 1993년에 정식으로 설립된 유럽연합에는 현재 유럽 대륙에 속한 27개국이 회원으로 가입해 있어

유럽통합과 평화의 축제

요. 1993년 설립 당시에는 네덜란드·독일·룩셈부르크·벨기에·이탈리아·프랑스·덴마크·아일랜드·영국·그리스·스페인·포르투갈 등 12개국만 참여했습니다. 그 후 16개국이 더 참여하여 28개국이 되었어요. 1995년엔 스웨덴·오스트리아·핀란드가 가입했고, 2004년에는 라트비아·리투아니아·몰타·슬로바키아·슬로베니아·에스토니아·체코·키프로스·폴란드·헝가리가 가입했고, 2013년 7월에 크로아티아가 28번째 회원국으로 가입했어요. (2016년 영국은 유럽연합 탈퇴를 선언했고, 2020년 탈퇴가 확정되어 현재 유럽연합에는 27개국이 가입되어 있

1장. 평화와 협력을 위한 국제기구   33

음.)

　유럽연합은 1952년에 설립된 유럽석탄철강공동체(ECSC)에서 시작됐어요. 유럽석탄철강공동체는 국제적 영향력을 되찾고자 했던 독일과 그런 독일을 견제하려는 프랑스, 유럽공동시장의 경제적 이윤 창출 효과를 기대한 이탈리아와 벨기에, 네덜란드, 룩셈브루크로 구성되었어요. 이후에 유럽경제공동체(EEC)와 유럽원자력공동체(EURATOM)를 만들어 통합의 범위를 산업 전반으로 넓혔지요. 이 모든 것을 합쳐서 유럽공동체(EC)를 만들었지요. 유럽공동체는 유럽연합의 전 단계로 이때 지금의 이사회와 집행위원회, 유럽의회가 신설되었어요.

유럽연합은 다른 국제기구들과는 다른 점이 있답니다. 유럽연합은 기구라기보다는 하나의 국가 같은 기능을 한다는 거예요. 쉽게 말해, 이 기구에 가입한 나라들은 '유럽연합'이라는 하나의 국가에 속한 지방 국가인 셈이에요. 단순히 경제적인 목적만을 위해서 만든 기구가 아니지요.

유럽연합의 표준화된 유로화

우선 유럽연합에 속한 나라들은 '유로'라는 동일한 화폐를 사용해요. 이것은 굉장히 중요한 의미가 있어요. 한 나라에서 두 가지 종류의 화폐를 사용하지 않듯이, 여러 나라가 하나의 화폐를 사용한다는 것은 결국 하나의 나라라는 뜻이거든요.

또 유럽연합에 속한 나라들은 국경이 없어요. 우리가 외국에 가려면 여권과 비자가 필요하지만, 유럽연합에 속한 나라 국민들끼리는 이런 증명서 없이 자유롭게 다닐 수 있답니다. 이것은 유럽연합 소속 국가들이 맺은 '솅겐 조약' 덕분이에요. 마

유럽연합의 표준화된 여권

치 우리가 서울을 벗어나 경기도로 놀러 갈 때처럼 특별한 제약이나 확인을 받지 않아도 다른 나라로 갈 수 있답니다.

이 밖에도 유럽연합에는 국회처럼 법을 만드는 공동 의회도 있고, 공동 재판소도 운영하고 있어요. 그래서 유럽연합을 일반적인 기구가 아니라 하나의 국가와 같다고 한 거예요.

하지만 여러 나라가 모여서 하나의 나라를 만들기란 쉬운 일이 아니에요. 저마다 자기 나라의 이익을 앞세우다 보면 갈등이 생기기 마련이니까요.

유럽 의회

더 알고 싶은 국제기구 이야기

유럽 국가들을 이어 주는 솅겐 조약

우리가 유럽 여러 나라를 여행할 때 편하게 다닐 수 있는 것은 솅겐 조약 덕분이에요. 1985년, 룩셈부르크의 작은 도시 솅겐에서 이 조약이 체결되었기 때문에 '솅겐 조약'이라고 부르는 거예요.

솅겐 조약은 유럽 각 나라들이 국가 간 통행을 자유롭게 하자는 약속이에요. 현재 솅겐 조약에는 총 32개국이 가입되어 있지만 이 조약이 실시되고 있는 나라는 27개국이에요.(유럽연합 회원국 중 솅겐 조약 미실시 나라는 아일랜드, 루마니아, 불가리아, 키프로스 4개 나라이고, 유럽연합 비회원국이면서 솅겐 조약이 실시되고 있는 나라는 노르웨이, 스위스, 아이슬란드, 리히텐슈타인 4개 나라임.)

여행을 좋아하는 사람들에게는 무척이나 고마운 조약이지요. 특히 이 조약은 가입한 나라 사람들뿐만 아니라 다른 나라 사람들에게도 적용되기 때문에 우리도 유럽 나라들의 국경을 여권 심사 없이 자유롭게 통과할 수 있어요.

유로존 국가는 여행자들의 천국!

 유럽연합 회원국들이 사용하는 단일 화폐를 '유로(EURO)'라고 해요. 셍겐 조약뿐만 아니라 유로 덕분에 유럽 여행이 더 편해졌답니다. 보통 유럽을 여행하면 5~6개 나라를 함께 여행하는 경우가 많은데, 각 나라마다 사용하는 화폐가 모두 다르다고 생각해 봐요. 가는 곳마다 환전소에서 돈을 바꿔야 해서 불편하겠지요. 그런데 유로를 사용하면서 그런 불편함이 없어졌지요.
 이처럼 유로를 사용하는 나라들을 가리켜 '유로존 국가'라고 해요. 유럽연합 회원국 중에서 덴마크, 스웨덴, 불가리아, 체코, 헝가리, 폴란드, 루마니아까지 총 7개국을 빼고는 모두 유로존 국가예요.

솅겐 조약에 의해 검문소는 없고, '여기서부터 오스트리아'라는 표지판만 있는 오스트리아의 국경 지역

　그런데 유럽연합 소속 국가이면서 유로를 사용하지 않는 나라가 있는데 무엇 때문일까요? 그것은 유럽연합에서 제시하는 일정한 기준에 미달하면 유로를 사용할 수가 없기 때문이에요. 현재 몇몇 나라는 경제 상황이 나빠서 유로를 사용하고 싶어도 사용할 수가 없어요. 각 나라의 서로 다른 경제 수준을 무시하고 동일한 화폐를 사용하면 엄청난 혼란이 생길 수 있기 때문이지요. 이와는 달리 유로를 사용하지 않는 편이 더 낫다고 판단한 나라들도 있어요. 어떻게 보면 좀 이기적인 생각일 수도 있지만 자기 나라의 경제를 생각해서 내린 어쩔 수 없는 선택이에요.
　아무튼 여행자들 입장에서는 유럽연합의 모든 나라들이 유로를 사용하면 좋겠지요. 어느 나라를 가더라도 유로만 있으면 되니까요.

평화로 가는
지름길을 만들자

유엔교육과학문화기구
(UNESCO_ United Nations Educational, Scientific and Cultural Organization**)**

① **설립 연도:** 1945년
② **본부:** 프랑스 파리
③ **가입국:** 정회원국 193개국
　　　　　(준회원국 12개국)
④ **우리나라 가입 연도:** 1950년

　'펜은 칼보다 강하다'는 말은 영국의 소설가 에드워드 리턴이 한 말이에요. 무력이나 권력 같은 물리적인 힘보다 사람의 마음을 움직일 수 있는 글이 더 강한 힘을 가졌다는 뜻을 담고 있지요.

　이 말과 같은 생각에서 출발한 단체가 바로 유엔교육과학문화기구예요. 이름에서 알 수 있듯이 유엔의 전문기구 중 하나인데, 흔히 유네스코(UNESCO)라는 이름으로 알려져 있어요. 유네스코는 유엔교육과학문화기구의 영문 머리글자를 하나씩 따서 만든 이름

이에요.

유네스코는 교육, 과학, 문화 등의 분야에서 서로 협력하여 세계 평화와 인류 발전을 증진시키기 위해 만들었어요. 사람들은 두 차례나 세계대전을 겪으면서 정치, 경제, 군사 등 물리적 힘만으로는 평화를 이룩할 수 없다고 생각했어요. '펜은 칼보다 강하다'는 말처럼 평화를 이루는 데는 정치적인 힘보다는 교육과 문화적인 교류가 더 효율적이라는 생각에서 유네스코를 만든 거예요.

'유네스코 지정 세계문화유산'이라는 말을 들어 보았지요? 유네스코에서 하는 일 중 가장 잘 알려진 것이 바로 세계의 위대한 유산을 지정하여 보호하는 일이에요. 우리나라에도 유네스코에서 지정한 세계문화유산들이 있어요.

유네스코 지정 세계문화 도시, 과테말라의 안티구아

유네스코를 설립하려는 움직임은 제2차 세계대전 중에 있었어요. 당시 연합국의 교육 장관들이 런던에 모여서 황폐해진 교육을 바로 세우고, 교육으로 세계 평화에 기여할 수 있는 방법을 찾았어요. 그 결과 1945년 11월에 37개국 대표들이 영국 런던에 모여 유네스코를 창설했어요.

유네스코는 창설된 이래 지금까지 국제 협력을 통해 교육, 과학, 문화 분야에서 다양한 활동을 했어요. 또 인류의 발전에 기여하는 과학, 세계적 문화 유산의 보호와 문화 발전을 위해서도 노력했지요.

현재 유네스코에는 193개 정회원국과 11개 준회원국이 가입되어 있어요. 프랑스 파리에 본부가 있고, 2년마다 총회를 개최하여 주요 정책과 전략을 결정하고 있어요.

유네스코는 교육, 자연과학, 인문사회과학, 문화, 정보커뮤니케이션 등 총 5개 분야에서 다양한 활동을 전개하고 있어요.

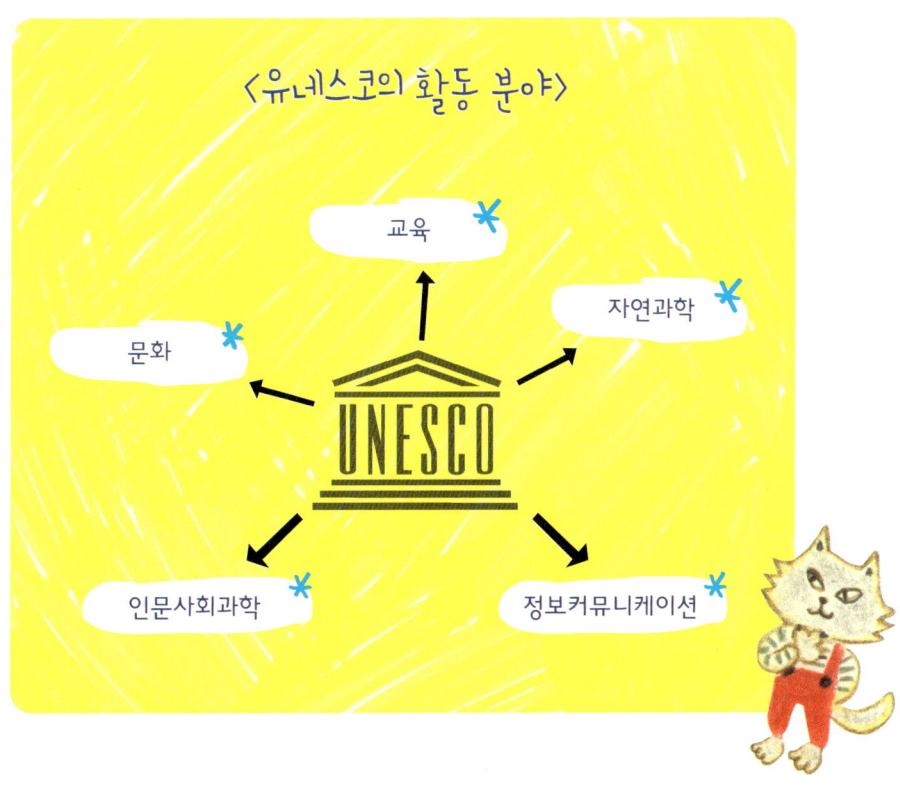

〈유네스코의 활동 분야〉

　교육은 유네스코가 가장 관심을 가지고 활동하는 분야예요. 그래서 다양한 네트워크를 통해 문맹퇴치 운동과 교육 사업을 펼치고 있어요. '모든 이를 위한 교육 사업'이 목표인 것을 보면 교육에 대한 관심이 어느 정도인지 짐작할 수 있을 거예요.

　자연과학 분야에서 유네스코가 추진하고 있는 일은 과학기술의 평화적인 이용, 그리고 환경문제에 대한 연구예요. 현재 인류를 위협하는 가장 큰 요소는 핵무기와 환경오염이거든요. 최근에는 전 세계가 공동으로 어려움을 겪고 있는 물 부족에 대해 많은 연구와 다양한 활동을 벌이고 있어요.

　인문사회과학 분야에서는 인종 간·종교 간 갈등과 분쟁, 테러 방지, 그리고 여성의 인권 신장을 위해 활동하고 있답니다.

문화 분야의 활동은 유네스코의 이름을 널리 알리는 계기가 되었어요. 유네스코는 인류의 소중한 유산 및 기억들을 보존하기 위해 세계문화유산, 세계자연유산, 세계기록유산 등을 지정해요. 그리고 그것을 보호하고 복원하는 사업, 약탈 혹은 불법 반출된 문화재의 반환 사업 등 다양한 활동을 펼치고 있어요.

정보커뮤니케이션 분야의 활동은 현대사회에서 가장 필요한 부분이라고 할 수 있어요. 정보의 격차가 새로운 불평등의 원인이 될 수 있기 때문에 유네스코는 '모든 이를 위한 정보 사업'을 목표로 무료 소프트웨어 제공, 정보 공유 등의 활동을 하고 있어요.

유엔이 정치적인 힘(총)으로 세계 평화와 인류 발전에 기여하고 있다면, 유네스코는 문화적인 힘(펜)으로 역할을 수행하고 있는, 현대사회에 가장 필요하고 효율적인 기구이지요.

더 알고 싶은 국제기구 이야기

유네스코 세계유산위원회와 세계유산

유네스코 세계유산위원회는 세계유산 목록에 기록될 세계적인 유산을 심의하고, 결정, 공표하는 역할을 해요. 또한 위험에 처한 유산을 보호하고 관리하는 역할도 담당하고 있어요. 1975년에 설치되었고, 유네스코 문화사업국에 소속되어 활동하고 있답니다.

유네스코 세계유산(UNESCO World Heritage Site)은 인류의 소중한 문화 및 자연유산을 보호하기 위해 지정하기 시작했어요. 세계유산 목록은 1972년 11월 제17차 정기총회에서 채택된 '세계 문화 및 자연유산 보호 협약'에 따라 세계유산위원회가 정해요.

세계유산은 역사적으로 중요한 가치를 가지는 '문화유산'과 지구의 역사를 잘 나타내고 있는 '자연유산', 그리고 이들의 성격을 합한 '복합유산'으로 구분해요.

2023년 현재 167개국의 1,157곳이 세계유산으로 지정되어 있고, 이중 900곳이 문화유산, 218곳이 자연유산, 39곳이 복합유산이에요. 이 밖에도 유네스코는 인류의 소중한 무형유산과 중요한 기록들을 보존하기 위해 '무형문화유산'과 '세계기록유산'을 지정하여 보호하고 있어요.

유네스코가 지정한 우리나라의 세계유산은?

현재 우리나라는 15곳이 세계유산으로 지정되었는데, 13곳은 문화유산이고, 2곳이 자연유산이에요.

세계문화유산 이름	소재지	제작시기	지정연도
불국사와 석굴암	경주시	신라시대	1995년
해인사 장경판전	합천군	신라시대	1995년
종묘	서울특별시 종로구	조선시대	1995년
창덕궁	서울특별시 종로구	조선시대	1997년
수원 화성	수원시	조선시대	1997년
경주 역사 유적지구	경주시	신라시대	2000년
고창·화순·강화 고인돌유적	고창군, 화순군, 강화군		2000년

조선왕릉	서울, 경기도, 강원도	조선시대	2009년
하회·양동 역사마을	안동시, 경주시		2010년
남한산성	경기도 광주시, 성남시, 하남시	조선시대	2014년
백제역사유적지구	충남 공주시, 부여군, 전라북도 익산시	백제시대	2015년
산사, 한국의 산지 승원	경남 양산시, 경북 영주시·안동시, 전남 순천시 등		2018년
한국의 서원	경북 안동시·영주시·경주시, 대구광역시 달성군, 전북 정읍시 등	조선시대	2019년

세계자연유산 이름	소재지	제작시기	지정연도
제주 화산섬과 용암 동굴	제주특별자치도		2007년
한국의 갯벌	충남 서천군 전북 고창군 전남 신안군, 보성군·순천시		2021년

제주 화산섬

수원 화성의 정문인 장안문

창덕궁의 정문인 돈화문

　세계문화유산을 선정하는 여러 기준 중 하나는 인간의 창의성으로 빚어진 걸작을 대표해야 한다는 점이에요. 또한 현재 존재하거나 이미 사라진 문화적 전통이나 문명을 잘 드러내 주는 것이어야 해요.

　세계자연유산으로 선정하는 기준은 아주 뛰어난 자연현상이나 자연미를 담고 있는 지역, 멸종 위기에 처한 종을 보존하는 데 중요한 자연 서식지 등이지요.

원자력의 평화적인 이용을 위하여

국제원자력기구(IAEA_International Atomic Energy Agency)

① **설립 연도:** 1957년
② **본부:** 오스트리아 빈
③ **회원국:** 175개국
④ **우리나라 가입 연도:** 1957년

원자력은 흔히 '원자에너지', '핵에너지'라고도 불리는데 먼저 원자력과 관련한 용어들을 알아볼까요?

어떤 물질을 이루고 있는 가장 작은 알갱이를 '원자'라고 하는데, 원자는 더 이상 쪼갤 수 없는 물질로 알려졌어요. 그런데 과학이 발달하면서 원자를 더 작게 분해할 수 있게 되었고, 원자 안에는 '원자핵'이 있다는 사실이 밝혀졌어요. 그리고 이 원자핵을 인위적으로 변환시키면 에너지가 발생한다는 사실도 알아냈어요.

그 인위적인 변환이 바로 '핵분열'과 '핵융합'인데, 원자핵을 분열시키거나 융합시켜서 원자력 에너지를 얻는답니다. 일본 히로시마에 떨어졌던 원자폭탄은 핵분열을 이용해서 만든 것이고, 수소폭탄은 핵융합을 이용해서 만든 것이에요. 우리가 흔히 말하는 핵무기는 핵분열을 이용해서 만든 것이랍니다.

　원자력은 사람을 죽일 수도 있고, 살릴 수도 있어요. 원자력은 마치 칼과 같은 특성이 있거든요. 칼은 우리 생활에 없어서는 안 될 아주 유용한 물건이지만 무서운 흉기로 사용될 수도 있잖아요. 음식을 썰거나 물건을 자를 때는 유용하지만, 나쁘게 사용하면 사람의 목숨을 앗아 가는 흉기로 변하니까요.

　원자력도 마찬가지예요. 잘 사용하면 인간에게 무척 이롭지만 전쟁 무기로 사용하면 아주 치명적이랍니다. 원자력이 얼마나 무섭고 위험한지는 제2차 세계대전 때 일본에 떨어진 원자폭탄을 생각하면 알 수 있어요. 히로시마에 떨어진 원자폭탄은 한순간에 많은 사람의 목숨을 앗아 갔고, 그 피해는 지금까지 이어지고 있어요.

핵무기를 사용하면 어느 지역, 어느 나라만 피해를 입는 것이 아니라 지구 전체가 피해를 입게 돼요. 지금의 과학기술로 만들 수 있는 핵무기는 과거 일본에 떨어졌던 원자폭탄보다 수백 배 더 폭발력이 있다고 하니까 그 위력은 대단하겠지요.

또 원자력은 무기로 사용하지 않더라도 방사성물질 때문에 매우 위험해요. 원자핵으로 에너지를 얻기 위해 핵분열이나 핵융합을 할 때는 방사성물질이 나와요. 이 방사성물질은 우리 인체에 아주 나쁜 영향을 준답니다. 이 물질은 몸속 세포에 침투하여 각종 질병을 유발하고, 몸을 기형으로 만들기도 해요. 이 방사성물질에 한 번 노출되면 아주 오랜 세월 동안 병을 앓게 된답니다. 심한 경우에는 수백 년 동안 자손에게까지 피해가 이어질 수도 있어요.

그런데 이렇게 위험한 원자력을 계속 사용하는 이유가 무엇일까요? 원자력은 잘만 쓰면 여러 가지 장점이 있기 때문이에요. 대표적인 것이 에너지인데, 원자력 에너지는 다른 에너지에 비해 비용이 적게 들고 지구온난화에 영향을 주는 이산화탄소를 거의 배출하지 않기 때문에 환경을 지키는 데 효과적이에요.

이처럼 유익한 원자력을 이용한 핵무기는 많은 나라가 갖고 싶어 하는 위험한 전쟁 무기예요. 핵무기만 있으면 강력한 힘을 과시할 수 있기 때문이에요. 하지만 일본에 떨어졌던 원자폭탄의 위력을 보고 나서, 많은 나라들이 원자력에 대한 생각을 바꾸었어요. 자칫하면 지구 전체가 멸망의 길로 들어설 수 있음을 깨닫고, 원자력을 관리할 국제원자력기구(IAEA)를 만들었어요.

국제원자력기구는 원자력의 평화적 이용과 공동관리를 위해 설립한 국제기구예요. 원자력을 전쟁 무기로 사용하지 못하게 막고, 원자력을 사용할 때에도 방사성물질의 피해가 없도록 세계가 공동으로 관리하자는 취지에서 만들었지요. 1957년에 유엔의 독립 기구로 설립했으며, 본부는

국제원자력기구 본부

오스트리아 빈에 있어요. 매년 9월 IAEA 본부에서 총회가 열리며 2019년 현재 171개 나라가 회원국으로 가입했고, 우리나라는 1957년에 창설 회원국으로 참여했으며, 북한은 1974년에 가입했다가 1994년에 가입을 철회했어요.

현재 국제원자력기구는 설립 목적에 맞게 다양한 활동을 펼치고 있어요. 원자력이 세계 평화와 번영에 기여할 수 있도록 최선의 노력을 기울이는 한편, 개발도상국 등에서 전력 생산을 목적으로 원자력을 이용할 때는 아낌없이 지원하고 있어요. 무엇보다 군사적 목적으로 원자력을 이용하는 것을 방지하는 데 앞장서고 있지요.

또한 회원국 간의 원자력에 대한 정보교환, 과학자나 전문가의 훈련 지원, 원자력 시설의 안전한 설치와 관리 지원, 핵의 위험성을 알리는 다양한 활동도 펼치고 있어요.

2005년, 국제원자력기구는 무함마드 엘바라데이 사무총장과 함께 핵무기 확산을 방지하고 평화적 이용에 공헌한 공로로 노벨 평화상을 수상했어요.

더 알고 싶은 국제기구 이야기

세계 평화를 위한 약속, 핵확산금지조약(NPT)

국제원자력기구와 매우 관련이 깊은 국제조약이 '핵확산금지조약'이에요. 이것은 핵의 확산을 막자는 취지의 조약이지요. 이 조약의 핵심 내용은 핵무기를 보유하지 않은 나라는 앞으로도 계속 핵무기를 개발하지 말고, 이미 보유한 나라는 그것을 다른 나라에 팔지 않겠다고 약속하자는 거예요.

제2차 세계대전 후 많은 나라가 핵무기의 위험성을 알게 되었지만 일부 나라들은 여전히 핵무기에 대한 미련을 버리지 못했어요. 왜냐하면 핵무기만 있으면 강대국에게 휘둘리지 않고 자신들의 목소리를 낼 수 있기 때문이에요. 그래서 핵무기 개발은 각 나라가 비밀리에 추진하는 사업이기도 했어요.

제2차 세계대전이 끝난 후, 세계 최대 강국은 미국과 소련이었어요. 당시 미국과 소련은 이미 핵무기를 보유하고 있었어요. 그런데 다른 나라들도 핵무기를 만들기 시작하자 미국과 소련의 입장에서는 달갑지 않았어요. 자신들과 힘이 비슷한 경쟁국이 많이 생길 수 있으니까요. 결국 두 나라가 주축이 되어 더 이상 핵무기를 만들지 말 것을 제안했고, 이에 동의한 나라들이 생겨나자 핵확산금지조약이 만들어진 거예요.

사실 이 조약은 핵무기가 없는 나라 입장에서 생각하면 불리한 조약이라 할 수 있어요. 이미 핵무기를 가지고 있는 나라들은 그것을 보유한 채 새로 만들지만 않겠다는 약속이니까요. 정말 공평하려면 모든 핵무기를 폐기해야 되지 않을까요? 국제사회에서 끊임없이 핵 문제가 불거지는 이유가 바로 여기에 있어요.

이런 갈등에도 불구하고 이 조약은 1969년에 유엔 총회에서 채택되었어요. 현재 이 조약에는 국제원자력기구에 가입한 나라보다 더 많은 나라가 참여했어요. 모두가 평화를 원하는 마음이 컸기에 가능한 일이었지요.

이 조약의 또 한 가지 특징은 사찰을 할 수 있다는 거예요. 조사하고 살피는 차원에서 사찰을 한다고 하지만, 사실상 사찰을 당하는 나라 입장에서는 감시를 받는 셈이죠. 조약에 가입한 나라가 원자력을 전쟁 무기로 사용하려는 움직임이 보이면 국제원자력기구가 사찰을 하게끔 되어 있어요. 조약만 만들어 놓고 이런 사찰을 하지 않는다면 어느 나라든 비밀리에 핵무기를 만들 수 있기 때문이지요.

　우리나라는 1975년에 이 조약에 가입했어요. 북한은 1985년에 가입했는데, 국제원자력기구가 임시 사찰에 이어 특별 사찰까지 요구하자 1993년에 탈퇴를 선언했으나, 탈퇴 요건을 갖추지 못해 보류되었으며, 2003년 다시 탈퇴를 선언했어요.

무시무시한 체르노빌 원전 사고

　체르노빌 원전 사고는 원자력이 얼마나 무서운지 생생히 보여 준 세계 최대 사고 중 하나예요. 1986년 4월 26일, 우크라이나의 체르노빌 원자력 발전소에서 제4호 원자로가 폭발하면서 방사성물질이 누출되었어요. 경험이 부족한 근무자가 시스템을 시험하던 중에 발생한 폭발 사고로, 원자로 뚜껑이 공중으로 날아가면서 인체에 치명적인 방사성물질이 대기 중으로 흘러나오고 말았어요.

이 사고로 작업자 두 명이 그 자리에서 죽었고, 현장의 화재를 진압하던 사람들 대부분이 방사성물질에 노출되어, 3개월 뒤인 7월 말까지 약 30명이 사망했어요. 그리고 원자로 주변 30km 이내에 사는 주민 9만여 명이 강제로 이주를 했고, 사고 발생 뒤 5년 동안 7천여 명이 사망했답니다. 치료를 받은 사람만 수십만 명이라고 하고, 지금까지도 암이나 기형아 출산, 각종 후유증이 계속되고 있어요.

이렇게 피해가 컸던 이유는 사고 발생 초기에 직원들이 위험성을 깨닫지 못해 방피복을 입지 않고 사고 현장을 진화했기 때문이에요. 또한 러시아 정부도 신속하게 사태 수습을 하지 못하는 바람에 방사성물질은 유럽 전역으로 퍼져 나갔어요. 우리나라 일부 지역에서도 방사성물질이 검출되었다고 하니 피해가 얼마나 컸는지 짐작이 될 거예요.

제대로 인식하지 못했던 원자력의 위험성을 깨닫게 해 준 체르노빌 원전 사고 이후 각 나라는 원자력의 안전한 사용과 관리에 더 힘을 기울이게 되었어요. 이런 위험성 때문에 원자력발전소를 없애자는 사람들도 많지만, 원자력의 장점 또한 무시할 수 없기 때문에 많은 나라가 이 문제를 고민하고 있답니다.

경제 발전을 위한 국제기구

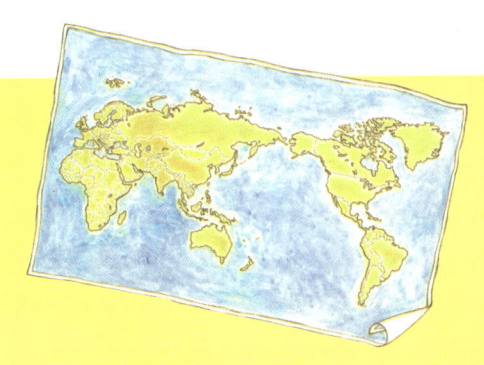

IMF
국제통화기금

OECD
경제협력개발기구

WTO
세계무역기구

World Bank
세계은행

국가 간 통화 거래는 우리에게 맡겨

국제통화기금 (IMF_International Monetary Fund)

① **설립 연도:** 1944년
② **본부:** 미국 워싱턴
③ **가입국:** 190개국
④ **우리나라 가입 연도:** 1955년

    요즘은 누구나 쉽게 해외여행을 다녀요. 그런데 여행을 가기 전 반드시 해야 할 일이 있어요. 그건 바로 우리나라 돈을 여행 갈 나라에서 사용할 돈으로 바꾸는 일이에요.

    어느 날, 철수는 환전소에서 우리나라 돈 천 원을 주고 1달러를 받았어요. 그런데 한 달 뒤에는 천오백 원을 줘야 1달러를 받을 수 있었어요. 그리고 다시 한 달 뒤에는 이천 원을 주고 1달러를 받았답니다. 불과 두 달 전에는 이천 원을 주면 2달러를 받을 수 있었는데, 지금은 1달러만 받았으니 철수로서는 손해를 보는 거지요.

그런데 이런 상황이 개인뿐만 아니라 우리나라 경제에도 영향을 미친답니다. 우리나라 돈을 다른 나라의 돈과 맞바꾸는 비율을 '환율'이라고 하는데, 이처럼 환율이 갑작스럽게 큰 변동을 일으키면 개인뿐 아니라 국가에도 아주 위험한 일들이 발생해요. 최악의 경우 한 나라가 부도가 날 수도 있답니다. 그래서 환율을 안정되게 유지하는 일이 중요하고 이런 일을 맡은 곳이 '국제통화기금'이에요.

'국제통화기금'이나 'IMF'라는 말을 들어 보았지요? IMF는 국제통화기금의 영어 약자예요. 우리나라는 1997년에 IMF의 도움을 받았어요. 이곳의 도움을 받는다는 것은 나라의 경제가 굉장히 어려워졌다는 의미이며, 한마디로 국가의 위기를 뜻하지요.

그럼, IMF는 어떤 일을 하는 곳일까요? IMF는 환율 안정, 국제수지를 안정적으로 유지시켜 경제성장에 도움을 주려고 설립된 국제금융기구입니다. 회원국의 요청이 있을 경우, IMF는 조성된

국제통화기금 건물

기금으로 자금을 지원해 주는 역할을 하는데, 우리나라도 1997년에 그 자금을 받았어요.

  국제통화기금에서 중요한 역할을 하는 환율과 국제수지에 대해 좀 더 자세하게 알아볼까요? 환율은 우리나라 돈과 외국 돈의 교환 비율을 말해요. 미국 돈 1달러를 가지려면 우리나라 돈 얼마가 필요할까요? 현재 환율로 치면 대략 1,185원이 필요해요. 반대로 우리 돈 1,185원을 주어야 미국 돈 1달러를 받을 수가 있어요. 하지만 환율은 수시로 변하기 때문에 1,100원이 될 수도 있고, 1,000원이 될 수도 있어요.

　환율이 수시로 변하는 것은 물건 값이 경제 상황에 따라 변하는 것과 같은 이치예요. 환율의 변화에 따라 나라 경제가 크게 좌우되기 때문에 환율을 안정시키는 것은 매우 중요하답니다.

　환율만큼 나라 경제를 좌우하는 중요한 요소가 국제수지인데, 이것은 일정 기간 동안 다른 나라와의 거래를 체계적으로 기록한 것을 말해요.

　국제수지는 일정 기간 동안 무역을 비롯한 관광·서비스·외환 등 국가 간의 모든 거래를 화폐 단위로 바꾸어 말하는 거예요. '흑자'라는 것은 거래에서 이익이 남았다는 뜻이고, '적자'는 손해를 보았다는 뜻이에요. 흑자를 보았다면 다른 나라와의 거래에서 수입보다는 수출이 많았다는 거예요. 국제수지는 적자일 때 뿐만 아니라 흑자일 때에도 그 규모가 너무 큰 경우 경제에 나쁜 영향을 미칩니다. 즉, 국제수지 흑자가 큰 경우 국내로 들어온 외화가 지나치게 많아지고, 많은 외화는 보통 은행에서 원화로 바꾸어 시중에

유통돼요. 그런데 이렇게 유통되는 돈이 너무 크게 늘어나면 통화 관리가 어려워질 뿐만 아니라 돈의 가치가 떨어짐으로써 물가가 불안해지는 원인이 되거든요. 또 흑자가 지나치게 커지면 적자를 보고 있는 나라와 무역 마찰이 일어나는 등 국제관계가 악화될 가능성도 많아요. 그러므로 국제수지는 균형을 이루는 것이 바람직해요.

바로 이런 환율과 국제수지를 안정적으로 유지시켜 모든 나라가 경제 성장을 할 수 있도록 도와주는 역할을 하는 곳이 IMF예요. 현재 IMF에는 190개국이 가입되어 있고, 갈수록 그 역할이 커져 가고 있어요. 특히 지금처럼 경제가 중요한 시기에는 IMF의 역할이 더욱 커지고 있답니다.

더 알고 싶은 국제기구 이야기

우리나라와 IMF는 무슨 관계일까?

1997년, 우리나라는 IMF의 관리를 받았어요. IMF에서 돈을 지원받았을 뿐인데, 왜 관리를 받았다는 표현을 쓸까요? 돈을 지원받는 대신에 여러 가지 조건을 들어줘야 했기 때문이에요.

우리가 은행에서 돈을 빌릴 때와 같은 이치인데 은행이 개인에게 돈을 빌려 줄 때는 여러 가지 조건을 내걸고, 그걸 만족시켜야 돈을 빌려 줘요. 마찬가지로 우리나라가 IMF에서 돈을 빌리면서 여러 가지 조건을 들어주어야 했기 때문에 IMF의 관리를 받았다고 표현하는 거예요.

그런데 IMF는 무슨 돈이 있어서 빌려 줄까요? IMF는 가입한 나라들이 일정 금액을 내는 일종의 회비가 있고 그 액수는 각 나라의 경제 규모에 따라 달라요. 부자 나라는 회비를 많이 내고, 가난한

나라는 적게 내는 식이지요. 이때 자신이 낸 회비만큼 나중에 돈을 빌릴 때의 금액이 정해지기도 해요. 회비를 많이 낸 나라는 돈도 많이 빌릴 수 있고 그만큼 IMF에서 큰소리를 칠 수도 있어요.

우리나라는 1997년에 어떤 상황이었기에 돈을 빌렸을까요? 흔히 IMF 사태를 '외환 위기'라고도 말하는데 다른 나라와 물건 거래를 할 때 필요한 외국 돈이 없어서 위기를 맞았다는 뜻이에요. 보통 다른 나라와 거래를 할 때는 국제적으로 통용되는 달러를 많이 사용하는데, 이 달러 부족 현상이 발생했던 거예요. 한마디로 외국에서 물건을 사올 돈이 없었던 거지요.

IMF의 도움을 받았다는 것은 우리나라가 그만큼 나라 살림을 잘하지 못했다는 뜻이니 정부의 책임이 크지요. 이렇게 정부가 나라 살림을 잘못하면 제일 크게 피해를 보는 사람이 바로 국민들이에요.

   그런데 우리나라 국민은 역시 대단해요. 모두가 단결하여 금 모으기 운동 등을 벌인 결과, 불과 4년도 안 되어서 IMF로부터 빌린 돈을 다 갚았으니까요.

김대중 전 대통령도 동참한 금 모으기 운동

선진국으로 인도하는 경제 안내자

경제협력개발기구
(OECD_Organization for Economic Cooperation and Development)

① **설립 연도:** 1961년
② **본부:** 프랑스 파리
③ **가입국:** 38개국
④ **우리나라 가입 연도:** 1996년
(29번째로 가입)

인간의 의식주 생활을 가장 포괄적으로 표현할 수 있는 말이 '경제'예요. 경제는 우리가 살아가는 데 있어서 가장 중요하고도 관심을 가져야 하는 부분이에요. 그래서 세계 여러 나라들도 경제 문제를 해결하기 위하여 많은 연구와 노력을 기울이고 있어요. 지금부터 알아볼 '경제협력개발기구'도 그러한 노력으로 설립한 국제기구랍니다.

경제협력개발기구는 회원국 간 경제 발전을 위해, 또한 세계 경제 문제에 공동으로 대처하기 위해 만든 국제기구예요. 즉, 회원국의 경제성장과 안정, 개발도상국의 경제성장과 세계 경제 발전에 기여하고, 공정한 세계무역의 확대에 기여하자는 목적으로 설립되었답니다. 요즘은 경제뿐만 아니라 환경문제, 에너지 문제, 과학, 노동, 교육 등에도 관심을 가지고 활동하고 있는데 흔히 약자를 써서 'OECD'라고 해요.

유럽의 마셜플랜을 촉진하기 위해 OECD가 만든 포스터

OECD는 모든 경제·사회·복지 문제를 포괄하는 종합적인 경제 협력 기구로서 각 경제정책 상호 간의 관계를 연구할 수 있는 유일한 국제기구예요.

뉴스나 신문을 보면 'OECD'라는 말이 자주 나오는데, OECD가 경제, 사회 문제와 관련하여 여러 가지 조사 결과를 발표하기 때문이에요. 이를테면 'OECD 기준 기대 수명', 'OECD 기준 대학 진학률' 등의 발표예요. 그래서 OECD 기준보다 높은지, 낮은

지에 따라 선진국이냐, 아니냐를 따지기도 해요.

　OECD는 결정된 사항을 집행할 강제력은 없지만 회의나 조사, 출판물을 통해 임무를 수행해 왔어요. 막대한 양의 경제 자료를 만들고, 해마다 다양한 주제로 자료집을 발행하는데, 회원국들은 이 자료를 통해 경제문제나 사회문제에 대한 답을 얻기도 해요. 흔히 'OECD 지표'라고 하는 것들이 바로 그런 자료들이에요.

　OECD는 유럽경제협력기구 회원인 18개국과 미국, 캐나다를 합쳐 20개국으로 처음 출발했답니다. 이후 선진국 위주로 회원을 늘려서 한때 '선진국들의 친목모임'으로 불리기도 했어요. 하지만 1989년 이후부터는 선진국이 아닌 나라에도 가입 자격을 부여했어요.

　OECD 회원국이 되려면 몇 가지 조건을 갖추어야 해요. 가장 기본이 되는 자격은 자유 민

주주의 국가여야 해요. 두 번째로 시장경제 체제를 유지하고 있어야 하고요. 시장경제란 정부의 간섭 없이 시장에서 자유롭게 가격이 결정되는 것을 말해요. 세 번째로 인권을 존중하는 나라여야 해요. 이런 가입 조건이 있기 때문에 최근 경제대국으로 떠오른 중국도 아직 이 기구에 가입하지 못하고 있어요.

OECD 가입은 전 회원국의 만장일치로 결정된답니다. 다수결의 원칙이 아니라 회원국 모두가 찬성해야 하기 때문에 가입하기가 결코 쉽지 않아요. 현재 OECD에는 37개 나라가 회원국으로 가입해 있는데, 우리나라는 1996년에 29번째로 회원국이 되었어요.

OECD는 최고 의사 결정 기구인 이사회와 집행이사회, 분과위원

회, 사무국 등으로 구성되어 있어요.

또한 OECD에 의해 설립되었지만 독자적 의사 결정 체제를 갖춘 부속기구로서 원자력기구(NEA), 국제에너지기구(IEA), 교육연구혁신센터(CERI), 유럽교통장관회의 등이 있답니다.

더 알고 싶은 국제기구 이야기

OECD 행복 지수는 몇 점?

OECD는 어떠한 결정을 강제적으로 집행하는 기구가 아니기 때문에 회의나 출판물을 통해 임무를 수행하는 경우가 많아요. 그래서 해마다 다양한 주제에 대해 엄청난 분량의 자료를 발행한답니다. OECD 회원국들은 'OECD 교육지표', 'OECD 경제지표', 'OECD 행복 지수' 등의 자료를 통해 유용한 정보를 얻어 사용해요. OECD 회원국들이 모두 선진국은 아니지만 대부분 선진국이거나 선진국 대열에 들어서고 있는 나라들이기 때문에 'OECD 평균'이라는 말은 선진국을 가늠하는 기준이 된다고도 볼 수 있어요. 어느 나라의 경제 수준이 OECD 평균보다 낮으면 아직 선진국이라고 보기는 어렵지요.

OECD는 2011년부터 매년 행복 지수를 발표하는데, OECD 회

원국 전체와 매년 주요 국가들을 대상으로 조사하여 발표하고 있지요. 주거, 취업, 건강, 교육 등 총 11개 분야에서 점수를 매겨 발표하는데, 2년 연속으로 호주가 1위에 뽑혔어요. 즉, 호주 국민들이 세계에서 가장 행복한 사람들이라는 거예요. 2위는 노르웨이, 3위는 미국, 4위는 스웨덴이고, 우리나라는 24위에 올랐어요. 36개 나라를 대상으로 실시했는데, 24위니까 우리나라 국민들은 그다지 행복하지 않은 모양이에요.

호주는 각 평가 항목에서 골고루 높은 점수를 받았어요. 호주 사람들의 연평균 소득은 2만6927달러로 OECD 평균인 2만2387달러보다 높으므로 물질적으로 풍요로워요. 일하는 시간은 1686시간으로 OECD 평균 시간인 1749시간보다 적고요. 적게 일하고도 소득이 높으니 그만큼 풍족한 생활을 하면서 여가를 즐긴다는 이야기예요.

반면 우리나라 사람들은 일하는 시간이 연간 2193시간으로 OECD 평균보다 훨씬 많았어요. 이렇게 여유 없이 열심히 일만 했으니 행복 지수가 낮을 수밖에요. 게다가 우리나라 청소년들의 행복 지수는 꼴찌 수준이었어요. 아마도 공부에 대한 부담감 때문에 이런 결과가 나온 것 같아요. 우리나라가 교육 분야에서는 매우 높은 점수를 받은 만큼 학생들의 학업 부담감이 대단했을 거예요. 어른이나 청소년 모두 행복 지수가 낮다는 것은 우리 삶을 한 번 되돌아볼 필요가 있어요.

위 내용은 2013년 이 책을 출간할 당시 OECD 행복 지수에 관한 조사 자료입니다.

최근 조사된 OECD 행복 지수에서도 복지 수준이 높은 북유럽 국가들과 선진국들이 높은 점수를 받아 상위권을 차지했어요. 이 나라들은 공통적으로 OECD 연평균 소득보다 소득이 높았고, 반면에 근로시간은 OECD 평균 근로시간보다 적었어요. 우리나라 사람들의 평균 근로시간은 주 5일 근무의 정착으로 예전보다는 많이 줄어들었지만 여전히 OECD 평균보다 훨씬 많은 시간을 일하는 것으로 나타났고, 행복 지수 순위에서도 여전히 최하위권에 머무르고 있어요.

국가 간 모든 상품의 거래는 우리가 감독할게

세계무역기구(WTO_World Trade Organization)

① **설립 연도:** 1995년
② **본부:** 스위스 제네바
③ **회원국:** 164개국
④ **우리나라 가입 연도:** 1995년

이야기를 시작하기 전에 우선 '무역'이 무엇인지 알아볼까요? 그래야 세계무역기구(WTO)의 설립 목적을 쉽게 이해할 수 있을 테니까요. 무역은 '지역과 지역 사이에 물건을 사고파는 행위'로, 국가 간에 상품, 자본, 기술 같은 것을 사고파는 경제적 활동이지요.

무역의 뜻을 알았으니 이제 세계무역기구가 어떤 일을 하는 단체인지 짐작이 가지요? WTO는 국가 간 물건을 사고팔 때 관리하고, 감독하는 기구예요. 그 나라의 경제적 이익과 직결되는 중요한 일을 하는 기구지요.

그런데 무역은 왜 필요할까요? 굳이 다른 나라와 무역을 하지 않아도 우리나라 사람들끼리 물건을 사고팔면서 잘 먹고, 잘 살면 되지 않을까요?

수출을 기다리고 있는 무역품들

우리 인간이 살아가는 데 필요한 여러 가지를 모두 갖춘 나라는 없어요. 우리나라는 석유가 한 방울도 나지 않는 나라이기 때문에 중동지역과 무역을 해서 석유를 사와야 해요. 석유를 사오지 않는다면 당장 자동차부터 이용할 수 없겠지요.

이런 경우도 한 번 생각해 봐요. 우리나라는 A라는 물건을 만드는 데 100원이 들고, B라는 물건을 만드는 데 200원이 들어요. 그런데 중국은 A라는 물건을 200원에 만들고, B라는 물건은 100원에 만들어요. 그리고 이 물건을 외국에 팔 때는 각각 150원, 250원에 판다고 가정해 봐요. 어때요? 우리나라는 많은 비용이 들어가는 B라는 물건을 중국에서 수입하는 것이 낫고, 반대로 중국은 A라는 물건을 우리나라에서 수입하는 것이 경제적으로 이익이 되겠지요? 그래서 국가 간 무역이 필요한 거예요.

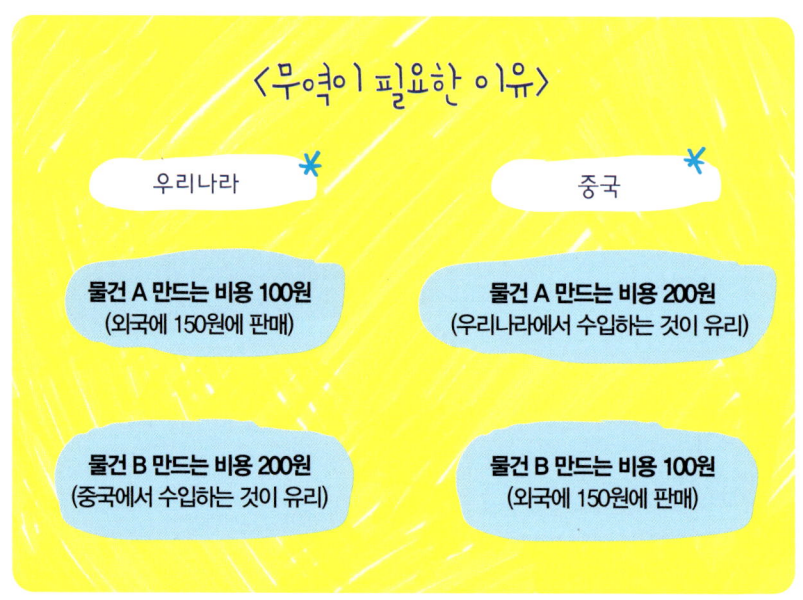

국가 간에 물건을 사고파는 활동, 즉 무역을 하는 동안 나라마다 서로 많은 이익을 내려고 하기 때문에 간혹 다툼이 일어나기도 하고, 불합리한 일이 생길 수도 있어요. 이런 문제들을 해결하기 위해 WTO가 생겼어요.

WTO가 설립된 것은 그리 오래 되지 않았어요. 그럼, 그전에는 어떻게 무역을 했을까요? 처음에는 '협정'이라는 것이 있어서 물건을 사고팔 때는 '이렇게 하자'고 국가 간에 약속을 했어요. 그것이 바로

'GATT(가트)'라는 협정으로, '관세 및 무역에 관한 일반 협정'이에요. 이 협정은 1947년에 생겼는데, WTO가 생기기 전까지 국가 간 무역은 이 협정 아래에 이루어졌어요.

그런데 각 나라마다 경제가 발전하고 무역이 활발해지자, 여러 가지 문제점들이 발생하기 시작했어요. GATT를 어기는 나라들도 생겨났고, 더욱 복잡해진 무역은 단순한 협정만으로 관리할 수가 없게 되었어요. 그래서 무역을 보다 체계적으로 관리, 감독할 수 있는 기구가 필요해서, 1995년에 WTO를 만들었어요.

WTO는 GATT의 내용을 잘 지키는지 감시하는 역할을

하는 기구라고 생각하면 돼요. 그리고 WTO는 GATT에는 없었던 기능도 하나 추가했어요. 그것은 협정을 어겼을 경우 강력한 제재 조치를 할 수 있다는 것인데, 덕분에 어떤 나라도 쉽사리 협정을 어길 수 없게 되었고, 세계 무역 질서가 자리를 잡게 되었어요.

WTO 안에는 여러 가지 조직이 있는데, 최고 의사 결정 기관은 각료 회의예요. 각료 회의는 적어도 2년에 한 번 소집하는데, 회원국이 모두 참석하여 모든 문제를 의논하여 결정합니다. 일반적인 업무와 분쟁을 해결하는 '일반이사회'가 있고, 상품에 관한 직접적인 업무를 담당하는 '상품이사회'도 있어요.

WTO가 내세운 기본 원칙은 무역에는 차별이 없어야 한다는 것이에요. 힘이 있는 나라라고 해서 일방적으로 자기 나라에 유리하게 무역을 해서는 안 된다는 거지요. WTO는 설립 당시 76개국이 회원국으로 참여했어요. 이후 10년간 73개국이 추가로 가입하였고, 회원국이 2012년에는 157개, 2016년 7월에 가입한 아프가니스탄까지 총 164개로 늘어났어요.

그런데 WTO도 경제협력개발기구처럼 가입이 쉽지 않은 기구예요. 회원국의 반대로 가입이 되지 않는 경우도 있고, 자국의 반대로 가입을 못 하는 경우도 있어요. 이란의 경우 1996년에 가입을 신청했는데, 테러 단체에 지원했다는 이유로 미국이 반대하면서 무산되었어요.

세계공정무역의 날에 펼친 캠페인

많은 나라가 경제적 목적으로 이 기구에 가입하려고 하는데, 가입을 한다고 해서 반드시 경제적 이익이 생기진 않아요. 오히려 자국의 경제가 위축되는 경우가 생길 수도 있어서, 일부러 가입을 보류하는 나라도 있지요. 그런 나라들은 WTO에 가입하면 얻는 것보다 잃을 것이 더 많다고 판단했기 때문이에요.

일부 사람들은 WTO가 개발도상국들을 지원하는 역할보다는 선진국들의 이익을 위해 운영되고 있다고 비판하기도 해요. 이런 문제들은 앞으로 WTO가 극복해야 할 과제랍니다. '차별 없는 무역'이라는 원칙을 지키기 위해서 말이에요.

더 알고 싶은 국제기구 이야기

'자유무역협정(FTA)'은 무엇인가요?

최근 무역과 관련해서 가장 많이 입에 오르내린 말이 'FTA(Free Trade Agreement)'예요. FTA는 '자유무역협정'이라고 하는데, 글자 그대로 자유롭게 무역을 하자는 약속이에요. 협정을 맺은 특정 국가 간의 수출입 물품에 대하여 서로 관세를 면제해 주는 거예요. 체결하는 국가에 따라 각각 다르지만 일반적으로 물품의 무역 자유화 또는 관세 인하에 중점을 두는 경우가 많아요.

WTO와 FTA는 어떤 관계일까요? WTO와 FTA는 둘 다 무역과 밀접한 관련이 있는 말들이에요. 하지만 WTO는 기구, FTA는 협정(약속)이라는 점이 달라요. 앞에서 협정을 잘 지키는지 감시하는 역할을 하는 것이 기구라고 했지요.

지금은 많은 나라들이 WTO에 가입하여 무역에 대해서 관리, 감독을 받고 있는데 FTA라는 협정을 별도로 만든 이유는 무엇일까요? FTA는 무역을 하는 두 나라가 좀 더 자유롭게 무역을 하자는 규정이에요. WTO 아래서는 회원국 전체가 같은 조건으로 무역을

하지만 FTA는 무역을 하는 두 나라 사이에서만 적용되는 협정이에요. 우리가 같은 반에서도 특별히 친한 친구가 있듯이, 무역에서도 좀 더 친하게 거래하자는 것이 FTA라고 생각하면 돼요. FTA는 좋은 제도 같지만 한편으로는 문제점도 안고 있어요. FTA가 체결되어 다른 나라의 값싼 물건이 들어오게 되면 그것 때문에 피해를 보는 사람들이 생기기 때문이에요. 한미 FTA가 체결될 때 미국의 값싼 농산물이 들어올 것을 우려해서 농부 아저씨들이 시위를 한 것처럼 말이죠. 그러니까 FTA를 체결할 때에는 그런 부분들을 잘 고려하여 아주 신중하게 해야 한답니다.

2023년 현재 우리나라는 51개국과 총 21개의 FTA 협정이 발효되어 있어요. 2004년 칠레와 처음으로 FTA 협정이 발효되었고, 2023년 1월에는 인도네시아와의 FTA 협정이 발효되었어요. 그 밖에도 필리핀과는 협정에 서명한 상태이고, 러시아, 우즈베키스탄, 말레이시아 등과는 협상 중이기 때문에 FTA 협정은 계속해서 늘어날 예정이에요.

돈을 빌려 드립니다

세계은행
(**WB**_World Bank)

① **설립 연도:** 1946년
② **본부:** 미국 워싱턴
③ **회원국:** 189개국
④ **우리나라 가입 연도:** 1955년

    세계은행은 이름에서도 알 수 있듯이 국제기구라기보다는 은행에 더 가까워요. 다만 세계은행이 일반 은행과 다른 점이 있다면, 일반인들이 아니라 각 나라를 대상으로 돈을 빌려 준다는 거예요.
    세계적으로 규모도 크고 영향력 있는 국제기구 3개를 꼽으라면 유엔(UN), 국제통화기금(IMF)과 더불어 세계은행(WB)을 들 수 있답니다. 흔히 이들 3개 국제기구를 '빅 3'라고 불러요.
    세계은행은 IMF와 마찬가지로 유엔의 전문기구 중 하나예요.

워싱턴에 있는 세계은행 건물

제2차 세계대전 후 각국의 전쟁 피해 복구와 개발을 위해 설립된 기구랍니다. 1944년에 체결된 브레턴우즈 협정을 기초로 1946년에 창설되어, 미국 워싱턴에 본부를 두고 있습니다. 현재는 가난한 나라나 개발도상국에 자금을 지원하여 경제성장에 도움을 주는 역할을 주로 하는 기구로 바뀌었어요.

세계은행은 이름 때문에 혼동하는 경우가 있는데, 명칭에 대해서 잠깐 알아볼게요. 여러 어려운 이름 중 세계은행을 구성하는 두 기구만 잘 기억하면 돼요.

'세계은행 그룹'에는 5개의 기구가 있답니다. 국제부흥개발은행(IBRD, International Bank for Reconstruction and Development)과 국제개발협회(IDA, International Development Association), 국제금융공사(IFC, International Finance Corporation), 다자간투자보증기구(MIGA, Multilateral Investment Guarantee Agency), 국제투자분쟁해결센터(ICSID, International Centre for Settlement of Investment Disputes)가 그것이에요. 이 5개의 기구 중에서 '국제부흥개발은행'과 '국제개발협회'를 합쳐서 흔히 '세계은행'이라고 불러요.

이 기구는 총회, 이사회, 사무국으로 구성되어 있고, 그중 최고 의사 결정 기관은 총회예요. 우리나라는 1955년에 가입하여 1970년에 대표 이사국이 되었고, 1985년에는 서울에서 총회를 개최하기도 했어요.

총회가 최고 의사 결정 기관이지만 중요한 의사 결정은 회원국 대표 25명으로 구성된 이사회에서 내려요. 회비를 가장 많이 내는 미국·영국·프랑스·독일·일본 5개국이 각 1명을 선임하고, 20명은 나머지 회원국들이 선출하는데, 총재는 이사회에서 투표로 결정해요.

최근에 '세계은행'은 우리나라에서 유명세를 탔던 이름이기도 해요. 세계은행 총재에 임명된 사람이 한국계 출신이었기 때문이에요. 2012년 세계은행 이사회는 미국 다트머스대학 총장인 한국

세계은행과 IMF의 연차 총회

계 출신 김용 씨를 총재로 선출했어요. 한국계 출신이라고 표현한 것은 한국 태생이지만 미국으로 이민을 갔기 때문이에요. 세계은행 총재 자리는 지금까지 모두 미국 본토 출신들이 맡았는데, 처음으로 한국계 인물이 선출되어 세계를 놀라게 했어요. 특히 세계은행은 규모와 영향력이 아주 큰 국제기구이기 때문에 한국계 인물의 총재 선출은 더 이슈가 되었지요.

김용 총재는 2012년 4월에 세계은행 총재로 선출되어 5년간의 임기를 시작했고, 2017년 연임되어 활동하다가 2019년 총재직을 사임했어요.

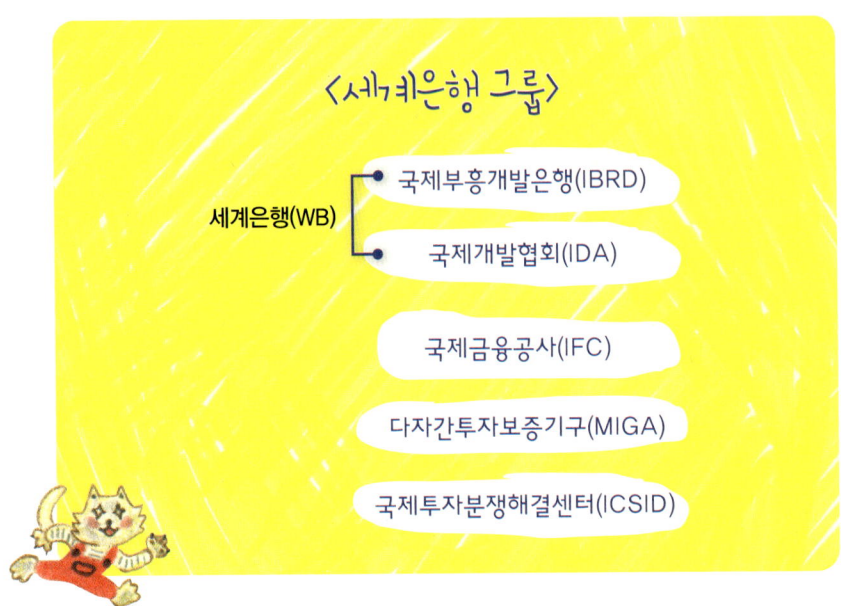

세계은행은 설립 취지에 따라 가난한 나라의 빈곤 퇴치와 개발 도상국의 경제 발전을 위해 매년 수백 억 달러를 지원하고 있어요.

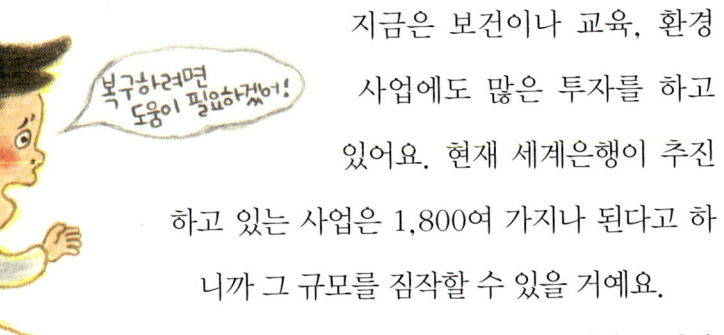

지금은 보건이나 교육, 환경 사업에도 많은 투자를 하고 있어요. 현재 세계은행이 추진하고 있는 사업은 1,800여 가지나 된다고 하니까 그 규모를 짐작할 수 있을 거예요.

세계은행의 가장 큰 역할은 가난한 나라에 자금을 지원하고 경제 발전을 돕는 거예요.

실제로 학교나 병원에 가려면 며칠씩 걸어가야 했던 부탄의 어느 시골 지역에 도로를 건설하고, 시장과 학교, 병원을 지어 주기도 했어요. 덕분에 수많은 사람이 보다 편리하게 생활할 수 있게 되었지요. 세계의 많은 나라들이 나서서 가난한 나라를 돕는 이유는 모든 나라가 함께 발전하여 평화로운 지구를 만들어 나가기를 꿈꾸기 때문이에요. 그것은 모든 국제기구들의 공통된 역할이기도 하지요.

더 알고 싶은 국제기구 이야기

국제기구의 빅 3, 세계은행 총재 김용

김용 총재는 1959년 12월에 서울에서 태어나 5살 때 부모님과 함께 미국으로 이민을 갔어요. 하버드대에서 의학과 인류학 박사 학위를 받았고, 하버드 의대 교수를 지냈어요.

하버드 의대 교수 시절에는 친구와 함께 의료봉사기구를 설립하여 중남미와 러시아의 빈민 지역에서 결핵 퇴치를 위한 봉사 활동을 했어요. 그 공로로 2004년에는 세계보건기구 에이즈 국장에 임명되었으며, 이를 계기로 에이즈 치료를 위해 적극적으로 활동하게 되었어요.

2009년에는 아시아계로는 처음으로 아이비리그(미국 동부 8개 명

문 사립대) 중 하나인 다트머스대학의 첫 한국계 총장이 되었어요. 2012년 4월 16일에는 미국 워싱턴에서 열린 임시이사회에서 세계은행 총재에 선출되었어요. 세계은행 설립 이후 총재직은 줄곧 본토 미국인이 맡아 왔는데, 한국계 미국인이 선출된 일은 처음이어서 큰 화제가 되었답니다.

　세계은행으로 첫 출근한 김용 총재는 "빨리 일하고 싶다."고 말했으며, 공식 취임 성명을 통해 "글로벌 경제가 여전히 위험한 상황"이라며 "세계은행은 위험에 처해 있는 글로벌 경제를 경제적·도덕적으로 도와야 하는 임무를 갖고 있다."고 말했다고 합니다.

세계은행과 IMF는 어떻게 다를까요?

세계은행과 IMF는 공통점도 있지만 다른 점도 있어요. 두 기구 모두 경제적 어려움을 겪고 있는 나라에 자금을 지원한다는 공통점이 있지만, 하는 일은 좀 달라요.

제2차 세계대전이 끝날 무렵에 미국 뉴햄프셔주 브레턴우즈라는 도시에서 국제적인 협정이 체결되었는데, 도시 이름을 따서 흔히 '브레턴우즈 협정'이라고 불러요.

나라마다 화폐 단위가 다르기 때문에 서로 상품 거래를 하려면 많은 어려움이 있었는데, 이런 문제들을 해결하기 위하여 체결된 협정이 브레턴우즈 협정이에요. 이 협정에서 화폐 외에 모든 나라에서 공통적으로 귀하게 취급하는 물건인 금과 미국 달러를 일정하게 교환하는 규칙을 만들었어요.

이 협정을 잘 지키고, 안전하게 운영하기 위해 만든 국제기구가 바로 IMF와 세계은행이에요. 그러니까 IMF의 가장 큰 역할은 세계의 통화(화폐) 시스템을 안정적으로 유지해 나가는 것이에요. 쉽게 말해 각 나라의 환율을 적절하게 잘 조절하는 역할을 맡았지요. 이것이 잘못되면 한 나라가 부도에 처할 수도 있어요.

만약 경제적으로 어려움을 겪고 있는 나라가 있다면 IMF는 가장 먼저 통화 시스템에 어떤 문제가 없는지 살펴본답니다. 통화 시스템이 원인으로 밝혀진다면 즉각 IMF가 개입하여 문제를 해결하지요.

반면에 세계은행은 개발도상국이나 빈곤한 국가에 자금을 지원하는 것이 가장 큰 목적이에요. 우리나라도 과거에는 세계은행의 지원을 받아 아파트를 건설하거나 다른 개발 사업을 할 수 있었어요.

두 기구의 이름만으로도 어느 정도 차이를 알 수 있어요. IMF는 우리말로 '국제통화기금'이니까 통화(화폐)와 관련한 어떤 문제를 해결하는 기구이고, 세계은행은 글자 그대로 은행이니까 자금 지원을 최우선으로 하는 기구예요.

스포츠와 건강을 위한 국제기구

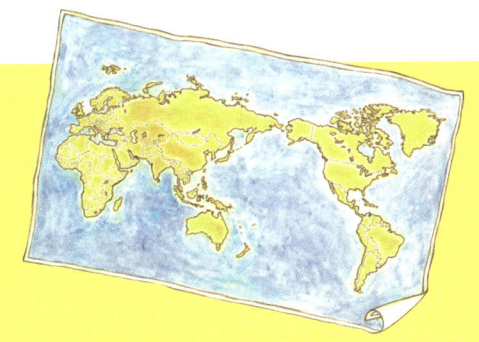

IOC
국제올림픽위원회

FIFA
국제축구연맹

WHO
세계보건기구

지구촌의 평화는 스포츠를 통하여

국제올림픽위원회 (IOC_International Olympic Committee)

① **설립 연도:** 1894년
② **본부:** 스위스 로잔
③ **가입국:** 206개국
④ **우리나라 가입 연도:** 1947년

올림픽은 전 세계인이 참여하는 가장 큰 국제 행사이므로 지구촌 축제라고도 해요. 이 큰 행사인 올림픽을 총괄하여 운영하는 조직이 바로 국제올림픽위원회(IOC)랍니다. 이것은 올림픽 대회의 정기적인 개최를 총괄하고 발전시키기 위해 만든 국제기구예요.

그렇다면 올림픽의 개최 목표는 무엇일까요? 그건 다름 아닌 스포츠를 통하여 세계의 모든 사람들이 우정을 나누고, 그로 인해 세계 평화를 이룩하자는 것이지요. 궁극적으로는 유엔의 목적과도 같아요. 그러므로 IOC는 단순히 운동경기를 관리하는 단체가 아니에요.

현재 IOC에는 206개국이 가입했고, 각 나라에는 국가올림픽위원회를 두어 IOC의 업무를 보좌하고 있어요. 그러니까 IOC는 206개의 국가올림픽위원회로 구성되어 있는, 가입 국가 수만 놓고 보면 유엔보다 더 큰 단체랍니다.

IOC는 4년마다 하계·동계올림픽을 개최해요. IOC가 개최한 첫 번째 하계올림픽은 1896년 그리스 아테네에서 열렸고, 첫 동계올림픽은 1924년 프랑스 샤모니에서 열렸어요. 1992년까지는 하계올림픽과 동계올림픽이 같은 해에 열렸는데, 이듬해부터는 대회 준비를 편리하게 하기 위하여 서로 2년의 간격을 두고 번갈아 열리고 있어요.

IOC를 조금 더 알기 위해서는 올림픽에 대해서도 알아야겠지요? 올림픽에 관한 모든 것이 곧 IOC의 활동이기 때문이지요.

올림픽과 같은 스포츠 경기가 근대에 처음

스위스 로잔의 국제올림픽위원회 본부

열렸던 것은 아니에요. 올림픽의 유래는 고대 그리스인들이 제우스신을 기리기 위해 올림피아에서 경기를 한 것에서 찾을 수 있어요.

그리스인들은 경기를 하면서 육체와 정신을 단련하고, 단합과 통일을 이루려고 했어요. 이러한 그리스인들의 생각은 오늘날 올림픽에서도 그대로 찾아볼 수 있지요. 옛날이나 지금이나 우정을 나누고, 화합을 이루는 데 스포츠만큼 좋은 것은 없어요. 우리나라가 다른 나라와 경기를 할 때 국민 모두가 한마음이 되어 응원하는 모습을 생각해 보면 쉽게 이해가 될 거예요.

스포츠를 통해서 세계 평화를 이룩하자는 것은 좀 엉뚱하면서도 획기적인 생각이에요. 그런 생각을 처음 한 사람이 프랑스의 '피에르 쿠베르탱'이에요. 쿠베르탱은 자신의 생각을 실현하기 위해 1894년에 IOC를 창설했고, 2년 뒤 제1회 올림픽도 개최했어요. 그는 스포츠가 청소년 교육에 적합하다고 생각했고, 또 스포츠를 통하여 청소년들이 한자리에 모여 우정을 나누면 세계 평화도 이룩할 수 있다는 신념을 가졌던 사람이에요.

그는 여러 차례, 고대 그리스에 있었던 올림픽의 부활을 주장했고, 마침내 1894년에 IOC를 조직했어요. 그리고 고대 올림픽이 열렸던 그리스에서 1896년에 제1회 올림픽을 개최하기에 이르렀어요.

쿠베르탱은 올림픽을 개최하면서 우리에게 아주 중요한 교훈을 심어 주었어요. 그건 '올림픽의 가장 중요한 가치는 승리하는 데 있는 것이 아니라 참가하는 데 있으며, 성공보다는 노력하는 것에 있다'는 거예요. 이 말은 '우정과 평화'라는 올림픽의 목적을 잘 나타내고 있어요.

올림픽은 목적이나 정신이 순수하고 좋았기 때문에 회를 거듭할수록 아주 빠르게 발전했어요. 1896년 제1회 올림픽은 14개국에서 2백 명이 조금 넘는 선수가 참가하였는데, 2016년 리우 올림픽 때는 206개국에서 만 명이 넘는 선수가 참가했거든요. 올림픽 참가 국가

2012년 런던올림픽 경기장

2012년 런던올림픽
태권도 국가대표 선수단

　는 현재 유엔에 가입한 나라보다 많은데, 유엔이 정치적 의미가 강한 기구임에 반해 올림픽은 순수한 목적의 운동 경기라는 데 모두가 공감하기 때문일 거예요.

　처음 시작할 때는 하계올림픽만 있었는데, 1924년에는 동계 올림픽이 개최되었고, 1960년에는 장애인들을 위한 패럴림픽이, 1968년에는 지적발달 장애인을 위한 스페셜 올림픽이, 2010년에는 10대 선수들을 위한 유스 올림픽이 개최되었어요. 참가국이나 인원뿐만 아니라 올림픽의 범위도 더 넓어진 거지요.

세계 여러 나라가 참여하는 올림픽에서는 영어와 프랑스어가 공식 언어로 사용된답니다. 그리고 개최국의 언어도 공식 언어에 포함돼요. 올림픽 중계방송을 하는 장내 아나운서의 안내 방송을 잘 들어 보면 3개 언어가 순서대로 나올 거예요.

올림픽 심벌은 '오륜'으로 알려져 있는데, 이는 5개의 둥근 고리가 서로 얽혀 있는 모양이에요. 그래서 올림픽기를 오륜기라고도 불러요. 5개의 원은 5개의 대륙, 즉 아시아·아프리카·유럽·아메리카·오세아니아 대륙을 상징해요. 서로 얽혀 있는 5개의 원은 5개의 대륙, 즉 전 세계가 따로 떨어진 것이 아니라 하나로 연결되어 있음을 의미해요.

각 고리의 색깔은 파랑·노랑·검정·초록·빨강인데, 모든 나라의 국기에 이 5개의 색 중 적어도 한 가지 색이 포함되기 때문이에요. 세계가 서로 연결되어 있다는 의미도 담고 있지요.

올림픽 오륜기

올림픽에서 가장 관심을 끄는 것 중 하나가 바로 올림픽 개최지 선정이에요. 올림픽 개최지는 해당 올림픽을 개최하기 7년 전에 IOC 위원들의 투표로 결정해요. 개최지를 선정하는 데는 2년 정도가 걸리는데, 이 기간 동안 개최를 희망하는 도시들은 선정되기 위해 최선의 노력을 기울여야 해요.

2011년 남아프리카공화국 더반에서 열린 IOC 총회에서는 2018년 동계올림픽 개최지로 대한민국의 평창을 선정했고, 우리나라는 2018년 평창 동계올림픽을 성공적으로 치러 냈어요. 2020년 하계올림픽은 일본 도쿄(코로나19 때문에 연기)에서, 2022년 동계올림픽은 중국 베이징, 2024년 하계올림픽은 프랑스 파리, 2026년 동계올림픽은 이탈리아 밀라노-코르티나, 2028년 하계올림픽은 미국 LA에서 개최될 예정이에요.

평창 동계올림픽 유치단

더 알고 싶은 국제기구 이야기

근대 올림픽의 창시자, 피에르 쿠베르탱

쿠베르탱은 1863년에 프랑스 파리에서 태어났어요. 그는 군인이 꿈이었으나 독일과 프랑스의 전쟁 이후 정치가의 길로 들어섰어요. 그는 특히 조국 프랑스의 청소년 교육이 지식 중심의 교육이라는 점에 불만을 품고, 새롭게 바꾸어 보려고 노력했어요. 그가 모범으로 삼은 교육은 이웃 나라 영국의 스포츠 중심 교육이었어요. 하지만 프랑스는 이 같은 그의 생각에 부정적이었어요.

그는 1892년에 올림픽 부흥 운동을 시작했고, 1894년에 12개국의 협력자들과 함께 국제올림픽위원회를 창설했어요. 마침내

1896년에 고대 올림픽의 발상지였던 그리스 아테네에서 제1회 올림픽을 개최하였고, 이후 30여 년 동안 스포츠의 높은 이념과 정신을 지키기 위해 노력하였답니다.

IOC를 움직이는 사람들은 누구?

IOC의 주요 업무를 결정하는 사람들은 IOC 위원이에요. IOC 위원은 총 115명을 넘지 못하도록 규정하고 있어요. IOC 위원은 스포츠계 최고의 명예직이자, 대부분의 나라에서는 국제적인 예우를 받는 자리예요. 그러니까 IOC 위원에 선출된다는 것은 대단한 자랑이자, 영광이지요.

올림픽 헌장에 의하면 IOC 위원은 18세 이상의 해당 국적을 보유한 사람이면 누구나 추천 절차와 승인 과정을 거쳐 위원이 될 수 있다고 규정하고 있어요. 하지만 실제 IOC 위원이 되기란 쉬운 일이 아니에요. IOC위원의 수가 적어서이기도 하지만 웬만큼 이름이 알려지지 않고서는 되기 힘든 자리예요. 스포츠계에서 아주 큰 영향력을 행사할 수 있는 사람들이라야 가능한 자리이기 때문에 일반인들이 되기는 어렵답니다.

올림픽에 나온 선수 중에 IOC 위원이 된 사람들도 있어요. 이 사람들을 'IOC 선수 위원'이라고 불러요. 선수 위원은 각국 올림픽 참가 현역 선수들이 대회 기간 동안 올림픽 선수촌 내 식당에 설치된 기표소에서 투표권을 행사하여 선출해요. 물론 이렇게 투표로 선출된 사람도 IOC 총회에서 승인을 받아야 위원이 될 수 있어요. 선수 위원은 IOC 전체 위원 중에서 15명 정도예요. 그러니까 선수 위원이 되기도 결코 쉽지 않답니다.

IOC 위원을 선출하는 곳은 IOC 총회인데, 총회는 1년에 한 번 개최되는데, IOC의 최고 결정 기구예요. 총회에서는 위원 선출과 올림픽 개최지 선정, 올림픽에 관한 중요 사항을 결정해요. 바로 IOC 위원들이 이 총회의 구성원이기도 하니까 그들은 국제 스포츠 경기에서 매우 중요한 역할을 하는 인물이랍니다. 예전에는 IOC 위원에 선출되면 죽을 때까지 그 역할을 수행했는데, 1999년 이후에 선출된 위원부터는 만 70세까지만 역할을 수행할 수 있게 했어요.

재미있는 올림픽 에피소드

1. 올림픽에 한 번도 출전하지 않은 나라도 있다고요?

올림픽은 전 세계인의 축제이기 때문에 지구상에 존재하는 대부분의 나라는 올림픽에 참가해요. 그런데 아직도 몇몇 나라는 한 번도 올림픽에 참가하지 않았다고 해요. 대부분 규모가 작은 나라들인데, 그중에서 우리에게 잘 알려진 나라도 있어요. 바로 전 세계 가톨릭의 중심지이자 교황이 살고 있는 지구상의 가장 작은 나라

바티칸시국이랍니다. 바티칸시국은 이탈리아 로마 안에 위치해 있는 세계에서 가장 작은 나라예요.

2. 당나귀 타기도 올림픽 종목이었다고요?

초창기 올림픽이었던 제2회 대회에서는 아주 색다른 종목들이 있었어요. 낚시, 연날리기, 당나귀 타기 등도 경기 종목이었다고 해요. 연날리기가 지금도 있었다면 우리나라 선수가 아주 잘했을 거예요. 우리나라의 연날리기 역사는 아주 오래되었거든요.

3. 28개의 메달을 딴 선수가 있다고요?

혼자서 메달 28개를 딴 선수도 있어요. 2016년 리우 올림픽에서 이 기록이 수립되었어요. 수영 황제라고 불리는 미국의 마이클 펠프스인데 네 번의 올림픽에 출전하여 금메달 23개, 은메달 3개, 동메달 2개를 따서 가장 많은 메달을 딴 선수로 기록되었어요. 펠프스는 2016년 리우 올림픽 전까지 세 번의 올림픽에서 금메달 18개, 은메달 2개, 동메달 2개로 22개의 메달을 가지고 있었는데, 2016년 리우 올림픽에서 금메달 5개, 은메달 1개를 추가하여 올림픽에서 28개의 메달을 따는 놀라운 기록을 세웠지요.

펠프스 이전에는 혼자 18개의 메달을 딴 러시아의 체조 선수 라티니나가 기록을 갖고 있었어요. 그녀는 금메달 9개, 은메달 5개, 동메달 4개를 따서 2012년 런던 올림픽 전까지 가장 많은 메달을 딴 선수로 기록되었지요.

4. 올림픽 수영 경기에서 개헤엄이라니요?

현재 올림픽 수영 경기에는 네 가지 수영 영법, 즉 자유형, 평영, 접영, 배영이 있어요.(자유형만 '형'이고, 나머지는 '영'이니까 헷갈리면 안 돼요.) 그런데 2000년 시드니 올림픽 수영 경기에서 일명 '개헤엄'을 친 선수가 있답니다. 적도 부근에 위치한 기니라는 나라의 선수인데 남자 자유형 100미터에서 개헤엄을 쳐서 다른 선수보다 1분이나 뒤진 기록으로 골인했어요.

게다가 다른 선수들이 전신 수영복이나 삼각 수영복을 입은 데 반해, 이 선수는 헐렁한 수영복을 입고 개헤엄을 치는 바람에 많은 사람들에게 웃음을 선사했다고 해요.

5. 비둘기 똥 때문에 예선에서 탈락했다고요?

1972년 올림픽에서는 아주 희한한 광경이 벌어졌어요. 육상 허들 110미터 경기에서 달리던 선수의 눈에 비둘기 똥이 떨어진 거예요. 당연히 그 선수는 예선 탈락하고 말았지요. 그런데 주최 측에서도 그 선수가 좀 불쌍했던지, 특별히 결선에서 뛸 수 있도록 배려해 주었어요. 주최 측의 배려로 결선에 오른 그 선수는 어떻게 되었을까요? 결국 무릎 부상을 당해서 경기를 못했다고 해요. 이래저래 운이 없었던 사람이지요.

축구는 우리가 관리할게

국제축구연맹
(FIFA_Federation Internationale de Football Association)

① **설립 연도:** 1904년
② **본부:** 스위스 취리히
③ **가입국:** 211개국
④ **우리나라 가입 연도:** 1947년

축구는 전 세계인이 좋아하는 스포츠 중 하나예요. 덕분에 4년마다 열리는 월드컵 축구를 손꼽아 기다리는 사람들이 많아요. 2002년 한일 월드컵은 우리나라에서 축구가 인기 스포츠로 자리 잡는 계기가 되었어요. 그때 우리나라가 세계 4위의 성적을 거둔 덕에, 전 국민이 열광했지요.

4년마다 우리를 들뜨게 하는 월드컵과 그 외 국제적인 축구 경기를 운영하고 관리하는 단체가 국제축구연맹으로, 약자로

'FIFA(피파)'라고 해요. 'FIFA'는 영어 약자가 아니고, 프랑스어 약자인데 이 단체가 처음 만들어진 곳이 프랑스였으므로 그때의 이름을 그대로 사용하고 있는 거랍니다.

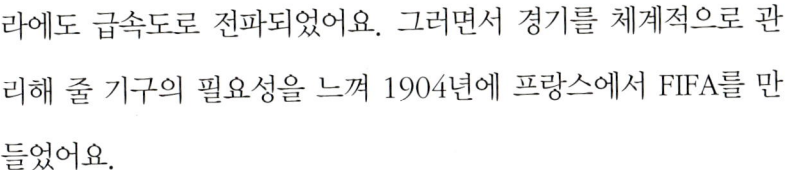

축구를 처음 시작한 나라는 영국으로, 20세기에 접어들면서 다른 나라에도 급속도로 전파되었어요. 그러면서 경기를 체계적으로 관리해 줄 기구의 필요성을 느껴 1904년에 프랑스에서 FIFA를 만들었어요.

초기 FIFA의 활동은 1930년에 월드컵을 개최하면서 본격적으로 발전하기 시작했어요. 그 역할을 한 사람은 프랑스인 '쥘 리메'였어요. 그는 33년 동안 FIFA 회장을 맡으면서 FIFA의 기초와 발전을 이룬 사람이에요. 그의 노력 덕분에 1954년 스위스 월드컵 때는 회원국이 무려 85개국으로 늘어나게 되었어요. 당시 월드컵 우승컵의 이름을 '쥘 리메 컵'이라고도 불렀는데, 이는 그의 업적을 기리는 뜻에서 붙인 이름이랍니다.

제2차 세계대전 이후, 많은 신생 독립국들이 FIFA에 가입하면서 회원국이 계속 늘어났어요. 당시 독립국들은 정치적 성격을 띠는 유엔보다 FIFA에 먼저 가입하는 경우가 많았어요. 지금도 FIFA 회원국 수가 유엔 회원국 수보다 많아요. 또 축구 경기를 텔레비전으로 중계하게 되면서 세계적인 스포츠로 발전했고, FIFA의 인지도도 더불어 높아졌어요.

FIFA의 최고 의사 결정 기관은 총회인데, 각 회원국 대표들로 이루어져 있어요. 1년에 한 번 정기회의를 갖고, 특별한 일이 생기면 한 번 더 회의를 열기도 해요. 이곳 총회에서 회원국 승인 문

국제축구연맹 컨벤션 센터

제, 재정 문제, 그 외 주요 사항들을 결정해요.

총회에서는 FIFA 회장과 부회장, 사무총장, 집행위원회를 선출하는데, 특히 회장과 사무총장은 막강한 권한을 가진 자리예요. 또 FIFA 회장이 임명하는 집행위원회는 총회가 구성되는 사이 사이에 중요한 결정을 내리는 FIFA의 핵심 기관이에요. 현재 집행위원회는 회장 1명, 부회장 8명, 위원 15명으로 구성되어 있어요.(현재 집행위원회는 평의회로 대체되었고, 평의회 위원은 총 37명임.)

FIFA는 규모가 커짐에 따라 보다 효율적인 관리를 위해 국가별 축구협회와 대륙별 축구 연맹을 두어 운영하고 있어요. 따라서 FIFA가 주관하는 대회에 참가하려면 우선 각 국가의 축구협회는 FIFA에 가입해야 하고, 자국이 속한 대륙별 축구 연맹에도 가입해야 한답니다.

대륙별 축구 연맹은 남아메리카 축구 연맹, 북중미카리브 축구 연맹, 아시아 축구 연맹, 아프리카 축구 연맹, 오세아니아 축구 연맹, 유럽 축구 연맹까지 모두 6개예요. 특이하게도 유럽과 아시아의 구분이 애매한 지역에 있는 나라는 소속 연맹을 자유롭게 선택할 수 있어요. 러시아, 튀르키예는 아시아 대륙과 유럽 대륙에 걸쳐 있지만 유럽 축구 연맹에 가입되어 있어요.

FIFA의 설립 목적은 축구 경기의 원활한 운영과 관리지만 궁극적으로는 스포츠 경기를 통한 국가 간 친목을 도모하여 평화로운 세상을 만드는 것이에요. 그런 의미로 FIFA는 2001년 노벨상 후보에 오르기도 했어요.

그럼, 여기서 FIFA가 주관하는 가장 큰 축구 대회인 월드컵 축구에 대해서 자세히 알아볼까요? 1930년 당시 FIFA 회장이던 쥘리메의 제안에 따라 우루과이에서 처음 월드컵이 열렸고, 제2차 세계대전 때를 제외하고는 4년마다 개최되었어요. 월드컵은 프로 선수들이 모두 참가하기 때문에 올림픽 축구 대회보다는 한 단계 높은 수준의 대회라고 할 수 있지요.

월드컵은 2년에 걸친 대륙별 예선을 거쳐 총 32개의 국가대표 팀이 본선에 올라 경기를 치른답니다. 1970년까지는 본선 진출 팀이 16개국, 1982년 스페인 월드컵 때는 24개국이었고, 현재와 같은 32개 팀은 1998년 프랑스 월드컵 때부터였어요. 본선 32개 팀에는 반드시 전 대회 우승국과 개최국이 포함되어 있어요.

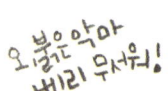

FIFA는 합리적인 경쟁을 위해 본선에 진출할 수 있는 팀 수를 대륙별로 정해 놓았어요. 축구의 인기와 수준이 높고, 나라도 가장 많은 유럽은 가장 많은 팀이 본선에 오를 수 있어요. 반면 오세아니아 지역은 다른 대륙의 팀과

싸워 이겨야 겨우 한 팀이 본선에 나갈 수 있어요.

그럼, 대륙별로 배정된 본선 진출 팀 수는 각각 몇 개일까요? 우선 유럽 대륙은 13팀이 본선에 나갈 수 있어요. 우리나라가 속해 있는 아시아 대륙은 4.5팀, 오세아니아 대륙은 0.5팀, 아프리카 대륙은 5팀, 북아메리카 대륙은 3.5팀, 남아메리카 대륙은 4.5팀이 본선에 나갈 수 있어요. 이렇게 해서 총 31개 팀을 뽑고, 개최국 1팀을 포함해서 총 32개 팀이 되는 거예요.(2026년 월드컵부터는 16개 팀이 늘어나 총 48개 팀이 본선에 진출함.)

우리나라는 1954년 스위스 월드컵 대회에 처음 출전했고,

축구 경기 응원에 나선 붉은 악마들

1986년 멕시코 월드컵부터 2010년 남아공 월드컵까지 한 번도 빠지지 않고 월드컵 본선에 진출했어요. 특히 2002년 한·일 월드컵에서 세계 4위에 오르는 기적 같은 일을 만들기도 했지요.

월드컵은 올림픽과 겹치지 않기 위해 그 중간에 개최되고 있어요. 둘 다 4년에 한 번 개최되지만 대회 기간은 월드컵이 훨씬 길어요. 올림픽은 보통 2주간 열리지만, 월드컵은 한 달 정도 열린답니다. 또 올림픽은 한 도시를 중심으로 개최되지만 월드컵은 한 나라를 중심으로 개최되는 것이 다른 점이에요.

2022년 월드컵 대회는 카타르에서 개최되었고, 48개 팀이 본선에 오르게 되는 2026년 월드컵 대회는 미국·캐나다·멕시코에서 공동 개최될 예정이에요.

더 알고 싶은 국제기구 이야기

월드컵의 창시자, 쥘 리메

쥘 리메는 오늘날 전 세계인의 축제인 월드컵을 처음 개최한 인물이며, 축구가 많은 사람들의 사랑을 받을 수 있게 만든 사람이에요.

그는 1919년에 프랑스 축구 연맹을 창설하여 1949년까지 회장으로 지내며 축구의 대중화에 앞장섰어요. 그리고 1921년에 국제 축구연맹의 3대 회장이 되었지요. 그 당시 축구는 비인기 스포츠였기에 그는 많은 사람들이 축구에 관심을 갖게 할 방법을 고민했어요. 그러다가 월드컵을 생각해 낸 거예요.

많은 준비와 노력 끝에 1930년 제1회 월드컵 대회가 우루과이에서 열렸어요. 하지만 축구에 대한 사람들의 관심이 적다 보니 참가국은 많지 않았어요. 제1회 대회에는 13개국이 참가했는데, 이들마저도 쥘 리메가 각국 정부를 설득해서 얻어 낸 결과였어요.

하지만 이후 쥘 리메의 열성적인 노력으로 월드컵 대회는 꾸준히 발전했고, 오늘날과 같은 전 세계인의 축제로 자리 잡게 되었어요. 초기 월드컵 우승컵이 '쥘 리메 컵'이라 불린 것만 봐도 그가 얼마나 중요한 일을 했는지 알 수 있지요.

재미있는 월드컵 에피소드

1. 월드컵 최고의 득점왕은 클로제

독일의 미로슬라프 클로제는 2014년 월드컵에서 2골을 추가하여 총 4번의 월드컵에서 16골을 기록함으로써 호나우두를 제치고 월드컵 최고 득점왕에 올랐어요. 클로제는 2002년 한일 월드컵에서 5골, 2006년 독일 월드컵에서 5골, 2010년 남아프리카공화국 월드컵에서는 4골을 넣었어요. 클로제 이전에는 15골을 넣은 브라질의 호나우두가 이 기록을 갖고 있었어요.

2. 월드컵 우승 단골손님은 브라질

지금까지 열린 월드컵에서 브라질은 5번이나 우승을 해서 최다 우승국이에요. 이 외에도 브라질은 월드컵 결승전에 독일과 함께 가장 많이 오른 나라였는데(총 7회), 이 기록은 2014년 브라질 월드컵에서 독일에게 내 주고 말았어요.(독일은 2014년 월드컵 결승전에서 우승함으로써 월드컵 우승 4회, 결승전 진출 8회라는 대기록을 세웠음.)

월드컵 초창기에는 세 번 우승을 하면 우승컵을 영원히 소유할 수 있는 규정이 있었어요. 브라질은 1970년 월드컵에서 우승하며 쥘 리메 컵을 영원히 소유하게 되었어요. 그런데 불행하게도 이 우승컵은 1983년에 도난당해서 아직까지 찾지 못했어요. 이후 우승 트로피는 우승한 나라가 다음 대회까지 보관만 하고, 대신 도금한 복제 트로피를 받는 것으로 규정을 바꾸었어요.

3. 월드컵 우승 단골 선수는 펠레

영원한 축구 황제 펠레는 브라질 축구의 전성기를 이끌었던 선수예요. 브라질은 1958년, 1962년, 1970년 월드컵에서 우승하면서 쥘 리메 컵을 영원히 소유하게 되었는데, 이 우승에는 모두 펠레가 있었어요. 그는 한 번도 우승하기 힘들다는 월드컵에서 무려 3번이나 우승한 유일한 선수랍니다.

이 외에도 펠레는 월드컵 대회에서 해트트릭(한 경기에서 3골 이상을 넣는 것)을 두 번이나 달성했고, 월드컵 결승전에서 해트트릭을 한 기록도 가지고 있어요. 그래서 펠레를 축구 황제라고 하는 거예요.

4. 한 대회 최고의 득점왕은 쥐스트 퐁텐

역대 월드컵을 통틀어 가장 많은 골을 넣은 선수는 독일의 클로제지만, 한 대회에서 가장 많은 골을 넣은 선수는 프랑스의 쥐스트 퐁텐이에요. 쥐스트 퐁텐은 1958년 스웨덴 월드컵에서만 무려 13골을 기록하여 득점왕에 올랐어요. 그런데 그가 기록한 13골은 아직까지 깨지지 않고 있어요.

  반면 한 경기에서 가장 많은 골을 넣은 선수는 러시아의 올렉 살렌코예요. 그는 1994년 미국 월드컵에서 카메룬과의 경기에서 혼자 5골을 넣어 역사적인 기록의 주인공이 되었답니다.

5. 축구를 머리로 하는 사람

  조금 특별한 기록을 가진 선수도 있어요. 독일의 미로슬라프 클로제는 월드컵 역사상 헤딩골을 가장 많이 터트린 선수예요. 그는 월드컵에서만 모두 8개의 헤딩골을 넣었어요. 2002년 한일 월드컵 대회 때는 헤딩으로만 해트트릭을 달성하기도 했고, 이 대회에서만 모두 5개의 헤딩골을 넣었어요.

6. 선수로, 감독으로 모두 우승을 경험한 사람

  월드컵에서 선수로 뛰어 우승을 하고, 나중에 감독으로 출전하

여 또 우승을 한 사람들이 있어요. 브라질의 마리우 자갈루와 독일의 프란츠 베켄바워, 프랑스의 디디에 데샹이에요. 자갈루는 1958년과 1962년에는 선수로, 1970년에는 감독으로 우승했고, 베켄바워는 1974년에는 선수로, 1990년에는 감독으로 우승했으며, 디디에 데샹은 1998년에는 선수로, 2018년에는 감독으로 우승했어요.

7. 월드컵 우승국은 모두 자국 출신 감독들

이 기록도 좀 특별한 기록이에요. 지금까지 월드컵에서 우승한 나라들은 모두 자국 출신이 감독을 맡았을 때 우승을 했답니다. 우리나라는 2002년 한일 월드컵에서 네덜란드의 '히딩크' 감독을 영입하여 4강 신화를 이루었는데, 우승을 하려면 외국인 감독은 좀 고민해 봐야 할 것 같아요. 지금까지 외국 출신 감독이 우승을 한 기록은 한 번도 없으니까요.

8. 재미있는 월드컵 징크스

- 개최국은 무조건 2라운드 이상 진출한다.
- 우승팀은 개최 대륙에서 나온다.
- 전 대회 우승팀은 첫 경기에서 고전한다.
- 월드컵 4강팀 1팀 이상은 다음 대회에서 예선 탈락한다.
- 축구 황제 펠레가 언급하는 우승 후보팀과 선수는 반드시 저주를 받는다.

우리의 목표는
전 인류의 건강 달성

세계보건기구(WHO_World Health Organization)

① **설립 연도:** 1948년
② **본부:** 스위스 제네바
③ **회원국:** 194개국
④ **우리나라 가입 연도:** 1949년

"인생에서 돈을 잃는 것은 조금 잃는 것이고, 명예를 잃는 것은 반을 잃는 것이며, 건강을 잃는 것은 모두 잃는 것이다."

이 말은 무엇보다 건강의 중요성을 강조한 말이에요. 돈이나 명예보다 더 중요한 것이 바로 건강이라는 이야기지요.

우리 몸도 기계와 같아서 시간이 지날수록, 쓰면 쓸수록 마모되고 고장 나기도 해요. 나이를 먹을수록 그만큼 고장 날 확률은 높아질 수밖에 없어요. 기계를 고장 없이 오래 사용하려면 평소에

기름칠도 잘해 주고, 소중히 다루어야 하지요. 마찬가지로 우리 몸도 평소에 잘 보살펴 주어야 오래오래 건강하게 살 수 있어요.

이처럼 중요한 건강을 관리해 주는 국제기구가 있는 것은 어쩌면 당연한 일이지요. 이렇듯 세계보건기구(WHO)는 세계인의 건강 관리를 위해 만든 것이랍니다. 우리나라의 이종욱 박사가 6대 사무총장을 지내서 우리에겐 더욱 친숙한 국제기구이기도 하지요.

지금부터 세계보건기구에 대해 알아볼까요? '보건'이라는 말을 풀이하면 '건강을 지키고 유지하는 일'이에요. 자, 그러면 세계보건기구가 어떤 일을 하는 기구인지 짐작하겠지요? 세계보건

　기구는 '세계의 모든 사람들이 가능한 한 최고의 건강 수준에 도달하는 것'을 목적으로 설립된 국제기구이자, 유엔의 전문기구예요. 1948년에 설립되었고, 현재 194개국이 가입하고 있는 매우 규모가 큰 국제기구예요. 그리고 매년 4월 7일을 '세계 보건의 날'로 지정하여 기념하고 있는데, 이날은 세계보건기구가 설립된 날이기도 해요.

　세계보건기구는 현재 스위스 제네바에 본부를 두고 있고, 세계 6개 지역(서태평양, 동남아시아, 아프리카, 동부 지중해, 아메리카, 유럽)에 지역위원회를 두어 활동하고 있어요. 우리나라는 1949년에 이 기구에 가입하여 현재 서태평양 지역위원회에 소속되어 활동하고 있지요. 한편 북한은 1973년 가입하여 동남아시아 지역위원회에 소

속되어 활동하고 있는데, 북한이 유엔의 전문기구에 가입한 것은 이 기구가 처음이에요.

 전 세계를 둘러보면 질병에 시달리면서도 치료를 받지 못하는 사람들이 참 많아요. 대부분 가난한 나라 사람들인데, 그들은 여러 가지 전염병에 걸릴 확률도 높아요. 갈수록 환경은 오염되어 가는데, 가난한 나라는 오염을 막을 능력이 없기 때문이지요. 세계보건기구는 바로 이런 문제들을 해결하기 위해 설립된 기구예요. 어떻게 보면 인간의 생명과 직결된 일을 하기 때문에 가장 중요하고도, 의미 있는 일을 하는 기구예요.

 건강이라고 하면 흔히 육체적인 건강만을 생각하기 쉽지만 세계보건기구에서 말하는 건강은 그것만을 의미하지는 않아요. 세계보건기구 헌장에 의하면 건강은 '단순히 질병이 없는 상태가

제네바에 있는 세계보건기구 건물

아니라 육체적, 정신적, 그리고 사회적으로 완전히 안정된 상태'예요.

이것은 매우 중요한 의미를 담고 있어요. 우리의 정신이, 그리고 우리가 살아가는 사회가 건강하지 않으면 육체적인 건강은 진정한 건강이 아니라는 뜻이거든요. 세계보건기구는 이런 정신적 건강, 우리 사회의 건강까지 책임진다는 목표 아래 활동하는 기구예요. 그래서 아주 중요한 국제기구이지요.

세계보건기구는 총회·집행위원회·사무국으로 구성되어 있어요. 총회는 매년 1회의 정기회의와 특별회의로 구성되어 있고, 집행이사회는 적어도 연 2회의 회의를 개최해야 해요. 우리나라도 지금까지 여러 번 집행이사국이 되어 활동한 경험이 있고, 서태평양 지역위원회도 서울에서 여러 번 개최했어요.

　이런 경험은 우리나라가 그만큼 세계적으로 위상이 높아졌다는 증거이기도 해요. 회원국들이 내는 분담금을 보아도 그 사실을 알 수 있어요. 우리나라는 전체 회원국 중에서 분담금을 많이 내는 나라 20위 안에 들어요. 그러다 보니 이제는 지원을 받는 입장에서 지원을 하는 나라로 바뀌었어요. 우리나라의 위상을 단적으로 보여 주는 예라고 할 수 있지요.

　세계보건기구는 앞으로 점점 더 역할이 커질 국제기구예요. 육체적 건강을 넘어 정신적, 사회적 건강까지 살펴야 하기 때문이지요. 우리는 육체뿐 아니라 정신 건강에 큰 위협을 받고 있어요. 정신이 건강해야 육체도 더욱 건강해요. 그래서 세계보건기구의 역할이 한층 중요하답니다.

더 알고 싶은 국제기구 이야기

세계보건기구 제6대 사무총장, 이종욱 박사

이종욱 박사는 유엔의 국제기구에서 한국인 최초로 대표를 지낸 인물이에요. 이종욱 박사 이후로 반기문 유엔 사무총장과 김용 세계은행 총재가 국제기구의 대표가 되었지요.

이종욱 박사는 1983년부터 세계보건기구의 직원으로 일했고, 가난한 나라의 전염병 예방과 질병 퇴치에 많은 공헌을 했어요.

대학 시절부터 한센병 환자들이 모여 사는 성 라자로 마을에서 봉사 활동을 하였고, 1981년에는 부인인 레이코 여사와 함께 남태평양의 작은 섬나라인 사모아로 건너가 한센병 환자를 치료하는 일을 했어요. 1983년에 피지에서 한센병 자문관으로 활동하면서 세계보건기구 직원이 되었고, 이때부터 남태평양을 중심으로 한센병과 결핵 예방에 모든 것을 바쳤어요.

1994년에 예방백신 사업국장 및 세계아동백신운동 사무국장을 맡아 소아마비 퇴치에 큰 공을 세웠고, 이때부터 백신의 황제라는 별명을 얻었어요. 1998년부터 사무총장 특별대표직을, 2000년에는 결핵 국장을 맡았고, 2003년에 마침내 세계보건기구를 책임지는 사무총장에 선출되었어요.

그러나 안타깝게도 2006년, 사무총장 직무를 수행하던 중 갑자기 쓰러져 임기 5년을 채우지 못하고 세상을 떠나고 말았어요.

이종욱 총장의 죽음을 전해 들은 많은 사람들이 슬퍼했으며, 남태평양 오지의 한 병원에서 그와 함께 일했던 옛 동료 중 한 명은 다음과 같이 말하며 눈물을 흘렸다고 합니다.

"이 박사님의 열정은 대단하셨어요. 당시 첫 한국인 의사로 이곳에서 한국인의 우수성을 보여 주었습니다. 그랬던 박사님이 WHO 사무총장이 되셨다고 해서 2년여 동안 같이 일했던 사실이 아주 자랑스러웠는데 너무 슬픕니다."

사람들은 평생을 가난하고 소외된 사람들을 위해 봉사하며 살았던 그를 '아시아의 슈바이처'라고 불렀고, '세계 보건의 대통령'이라고 칭송하기도 했어요.

2012년 9월, 세계보건기구 한국사무소 완전 폐쇄

흔히들 '폐쇄'라고 하면 좋지 않은 의미로 받아들이는데, 세계보건기구 한국사무소 폐쇄는 아주 반가운 소식이에요.

그동안 세계보건기구는 각 나라에 지역사무소를 두어 보건 사업을 지원해 왔어요. 우리나라도 세계보건기구 가입 후 지금까지 많은 도움을 받았어요.

세계보건기구는 국내 기생충 박멸과 결핵·한센병 퇴치에도 큰 도움을 주었어요. 뿐만 아니라 말라리아 퇴치와 천연두·홍역 예방 백신 개발에도 많은 기여를 하였어요. 또 보건 의료 인력 양성을 위해 의사와 간호사, 공무원 등 수백 명에게 유학 장학금을 지원하기도 했어요.

우리나라는 빠른 경제 성장을 이루었고, 선진국들의 모임이라고도 불리는 경제협력개발기구(OECD)에 가입하면서 1999년에는 주한 대표부를 연락사무소로 축소시켰어요. 2004년에는 외국인 연락관마저 철수시켰지요. 이후 보건복지부 건물 안에 세계보건기구 서태평양 지역사무처 파견 직원 한 명만으로 사무실을 꾸려 오다, 2012년 9월에 완전 철수가 결정되었어요.

이런 결정이 내려진 이유는 우리나라가 지원을 받는 국가에서 지원을 하는 국가로 바뀌었기 때문이에요. 세계보건기구는 2, 3년 주기로 총회를 개최하여 각국이 내는 분담금을 결정하는데, 우리나라가 2019년과 2020년에 내야 하는 분담금은 연간 1,084만 달러예요. 이 금액은 전체 가입국 중 11위에 해당하는 규모랍니다.

• 세계보건기구가 발표한 10대 해로운 음식

① 기름에 튀긴 음식　　　⑥ 패스트푸드
② 소금에 절인 음식　　　⑦ 통조림 식품
③ 육가공 식품　　　　　⑧ 설탕에 절인 과일류
④ 과자류　　　　　　　⑨ 냉동 간식류
⑤ 사이다·콜라류 식품　　⑩ 숯불구이류 식품

4장

인권 보호를 위한 국제기구

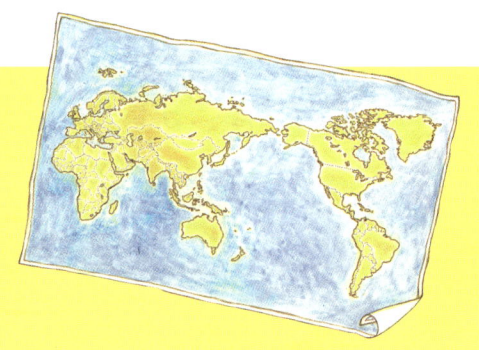

MSF
국경없는의사회

UNICEF
유엔아동기금

ILO
국제노동기구

의사에게 국경은 없다

국경없는의사회 (MSF_Medecins Sans Frontieres)

① **설립 연도:** 1971년
② **본부:** 스위스 제네바
  (전 세계 29개 사무소 운영)
③ **현황:** 전 세계 70여 개국에서 3만여 명의 의료 전문가들이 활동
④ **한국 사무소 설립:** 2012년 2월

두 나라가 전쟁을 했는데 서로 군사력이 비슷해서 많은 사망자와 부상자가 생겼어요. 그러던 어느 날, 한 나라의 지휘관이 심하게 부상을 당한 채 길을 잃었어요. 부상을 당한 지휘관은 산속을 헤매다가 우연히 적국의 의사와 마주치게 되었어요. 지휘관은 상처가 심해서 곧 치료를 받지 않으면 안 되는 위급한 상황이었지요.

자, 이런 상황에서 의사는 어떤 선택을 해야 할까요? 의사 입장에서 보자면 지휘관은 적군이기 전에 환자였어요. 하지만 그를 치료해 주면 상대 국가에 도움이 되므로 반역 행위일 수도 있어요. 더욱이 지휘관은 매우 중요한 위치에 있어서 그만 없다면 전쟁을 쉽게 승리로 이끌 수도 있다면요?

의사들은 최선을 다해 환자들을 돌보고 환자들에게 해가 되는 일은 하지 않겠다는 '히포크라테스 선서'를 합니다. 환자가 누구인가에 따라 치료를 선택하는 것이 아니라, 모든 환자의 생명을 똑같이 여기자는 것이지요. 그래서 국경은 군인들에게는 있어도 의사들에게는 없다고 말합니다. 바로 이런 생각을 가지고 출발한 단체가 '국경없는의사회(MSF)'예요.

이 기구는 전쟁이나 질병, 굶주림, 자연 재해 등으로 고통받는 사람들을 도와주기 위해 설립한 국제 민간 의료 구호 단체예요. '국제 민간 의료 구호 단체'라는 말 속에 이 단체의 성격이 잘 드러나 있답니다.

'국제'라는 말은 어느 한 나라에서만 활동하는 작은 단체가 아니라 세계적인 단체라는 뜻이고, '민간'이라는 말은 국가가 주관하는 단체가 아니라 일반 국민들이 만든 단체라는 뜻이지요. 그리고 '의료 구호'는 의료적인 도움을 준다는 뜻이에요. 그러니까 국경없는의사회는 일반 국민들이 조직한 세계적인 의료 지원 단체예요.

국경없는의사회는 단체의 이름에서도 알 수 있듯이 국경을 초월하여 전 세계 어느 지역이든 의료적인 도움이 필요한 곳이면 아무 조건 없이 어디든 달려갑니다. 한마디로 가장 위대한 인류애를 실천하고 있는 단체랍니다.

국경없는의사회는 1971년 나이지리아 내전으로 발생한 기아 문제를 해결하기 위해 프랑스 의사와 언론인이 힘을 합쳐 설립했어요. 그런데 이 단체는 몇 가지 특징이 있어요.

이 단체는 의료 지원을 가장 중요하게 생각해요. 이들은 인종, 종교, 성별 혹은 정치 성향에 관계없이 도움이 필요한 사람들에게는 언제든지 앞장서서 달려간다고 해요.

　또 한 가지 특별한 점은 민간단체라는 거예요. 이들은 순수하게 개인이나 기업의 후원금으로 단체를 운영해요. 그래서 정치적인 영향을 받지 않고 순수하게 구호 활동을 할 수 있어요. 나라마다 정치적인 이유 때문에 도움을 거절하거나 외면하는 경우도 있는데, 이들 단체는 그런 문제에서 자유롭지요.

　국경없는의사회는 위기에 처한 곳에서 병원과 진료소를 복구해 운영하고, 전염병 퇴치에 앞장서며, 영양실조에 걸린 아이들을 위한 급식소도 운영하고, 심리 치료까지 맡는 등 다방면으로 활동하고 있어요.

　그렇다고 국경없는의사회가 단순히 의료적 혜택만 베풀고 있는

남수단에서 의료활동을 펼치고 있는 국경없는의사회

것은 아니에요. 세계 곳곳에서 몰래 일어나는 폭력이나 학대 등을 사람들에게 알리는 일도 하고 있어요. 그것은 많은 사람들의 관심을 불러일으켜 도움을 이끌어 내려는 의도도 있지만, 사전에 그런 일이 일어나지 않도록 예방하려는 목적도 있어요. 그리고 각 나라의 잘못된 구호 정책에도 목소리를 높이고 있지요. 국가가 제대로 된 구호 정책을 실행할 수 있도록 감시하는 역할을 합니다. 국경없는의사회는 스위스 제네바에 본부를 두고, 전 세계 29개 나라에 사무소를 설치하여 운영하고 있어요. 우리나라에도 2012

년 2월에 사무소가 설치되었어요. 지금 국경없는의사회는 전 세계 70여 개 나라에서 3만여 명의 전문가들이 의료 활동을 펼치고 있습니다.

이 단체는 세계 어느 지역이라도 비상사태가 발생하면 24시간 이내에 신속하게 이동하여 구호 활동을 펼칠 수 있는 체제를 갖추었어요.

1972년에 지진이 발생한 니카라과에 들어가 구호 활동을 벌인 것을 시작으로, 1975년에는 베트남전쟁에서도 구호 활동을 펼쳤어요. 1990년 걸프 전쟁 때는 60대의 전세기를 타고 현장으로 날아가 7만여 명의 난민을 구호했지요. 또 이라크의 화학무기 살포 사실을 전 세계에 알렸고, 1995년 르완다에서 일어난 양민 대학살 사건을 폭로했어요. 또 1995년 북한의 수해 때에도 민간단체로는 유일하게 현장에 투입되어 전염병 예방과 의약품 및 의료장비를 지원했어요.

국경없는의사회의 활동은 그야말로 아무 조건 없는 도움이고, 가장 숭고한 희생정신에서 비롯되었어요. 국경없는의사회는 그동안의 활동에 대한 공로로, 1997년에 서울평화상을, 1999년에 노벨 평화상을 수상했답니다.

더 알고 싶은 국제기구 이야기

국경없는 의사회 현장 활동가 정상훈

국경없는의사회 현장 활동가 정상훈 씨는 한국사무소 개설(2012년 2월) 이후 활동을 마치고 귀국한 첫 의사랍니다. 그는 2011년 11월부터 2012년 9월까지 국경없는의사회 소속으로 아르메니아에서 봉사 활동을 했어요.

고등학생 때부터 한국의 슈바이처가 되려는 꿈을 꾸었던 그는 의대 시절에도 가난한 사람들과 장애인들을 위해 봉사 활동을 했어요. 그리고 가난한 나라의 사람들을 치료하고 싶다는 오랜 꿈을 실천하기 위해 2011년 11월에 국경없는의사회 일본 사무소를 찾았어요. 그때는 우리나라에 사무소가 개설되지 않았기 때문이에요.

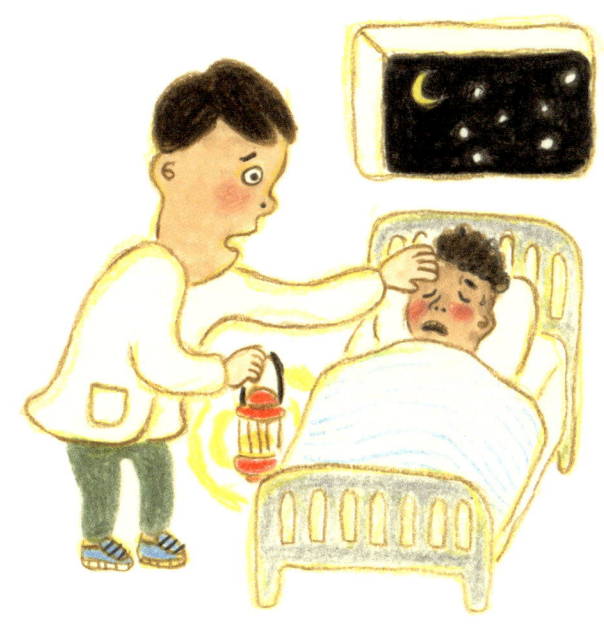

그가 맡은 첫 임무는 아르메니아에서 결핵을 치료하는 일이었어요. 결핵은 가난한 나라에서 많이 발생하는 병인데, 특히 아르메니아에는 결핵을 앓는 사람이 많았어요.

그는 구멍가게만 한 병원에서 밤늦도록 환자들을 치료해야 하는 힘든 생활을 했지만, 의사를 만날 수 있다는 사실만으로도 기뻐하던 환자들에게 용기를 얻어 임무를 완수할 수 있었다고 해요.

현재 국경없는의사회에서 활동하는 한국 의료인은 많지 않다고 하니까 많은 사람들의 동참이 필요한 상황이랍니다.

비정부기구(NGO)가 뭔가요?

'비정부기구'는 흔히 비정부 조직, 비정부 단체라고도 해요. 비정부기구는 정부의 간섭을 받지 않고, 개인이나 민간단체들이 조직한 단체예요. 국경없는의사회도 이런 비정부기구에 속해요.

비정부기구이지만 정부로부터 일정액의 자금을 받는 경우도 있어요. 하지만 그 금액은 많지 않고, 그러한 경우에도 대부분 정부 관계자를 회원에서 제외시켜 민간단체의 성격을 유지해요.

전 세계에는 약 4만 개의 비정부기구가 있어요. 국가 안에서만 활동하는 비정부기구까지 합치면 아마 헤아릴 수 없을 만큼 많을

아이들을 위해 활동하고 있는 NGO

거예요. 인도에는 2백만 개의 단체가 활동한다는 이야기도 있어요.

그런데 이런 비정부기구가 왜 필요한 걸까요? 세계 곳곳에서는 정부 차원에서 해결할 수 없는 문제들이 발생하기 때문이에요. 한 나라가 다른 나라 문제에 간섭하다 보면 정치적인 오해를 살 수도 있고, 정부 차원에서 미처 관리하지 못하는 문제가 생길 수 있으니까요.

그동안 정부기구가 주로 경제와 관련된 문제에 신경을 썼다면 비정부기구는 인권 문제, 질병, 가난 등에 관심을 가지고 활동합니다. 오늘날 비정부기구는 정치, 경제, 교통, 환경, 의료사업 등 모든 분야에 걸쳐 활동하고 있답니다. 정부 활동의 감시자 역할을 하기 위해서지요. 국제적으로 인지도 있는 비정부기구로는 '국경없는의사회'와 '그린피스' 등이 있어요.

지구촌 어린이들의 보호자

유엔아동기금
(UNICEF_ United Nations International Children's Emergency Fund)

① **설립 연도:** 1946년
② **본부:** 미국 뉴욕
③ **가입국:** 158개 국가사무소, 33개 국가위원회
④ **우리나라 가입 연도:** 1950년

'어린이는 우리의 미래입니다'라는 말이 있어요. 어린이들은 아직 어려서 지금 당장은 아무것도 할 수 없지만 장차 어른이 되어 우리 사회를 이끌어 갈 중요한 사람들입니다. 어린이들이 어떤 꿈을 가지고 성장하느냐에 따라 당연히 우리 사회의 모습도 달라지겠지요? 우리 사회의 미래가 어린이들의 손에 달려 있는 셈이지요. 그래서 어른들은 어린이들이 잘 성장하게 도와줄 책임과 의무가 있습니다.

유엔아동기금은 그런 생각에서 출발한 단체예요. 유엔아동기금(UNICEF)은 유엔의 산하 기구 중 하나로, 세계의 어린이들을 위해 만들어진 국제기구랍니다. 영문 약자인 'UNICEF(유니세프)'로 알려져 있어요.

이 기구가 만들어진 원래 목적은 제2차 세계대전의 피해를 입은 나라들의 어린이를 구제하는 것이었어요. 그래서 이름도 '국제연합국제아동긴급기금'이었지요. '유니세프'는 이때의 이름에서 유래된 거예요. 1953년에 현재의 이름인 '유엔아동기금'으로 바뀌었지만 예전 이름의 약자인 유니세프는 그대로 사용하고 있어요.

이 기구는 1950년 이후부터는 전쟁 피해를 입은 어린이뿐만

여러 가지 형태의 어린이 노동 현장

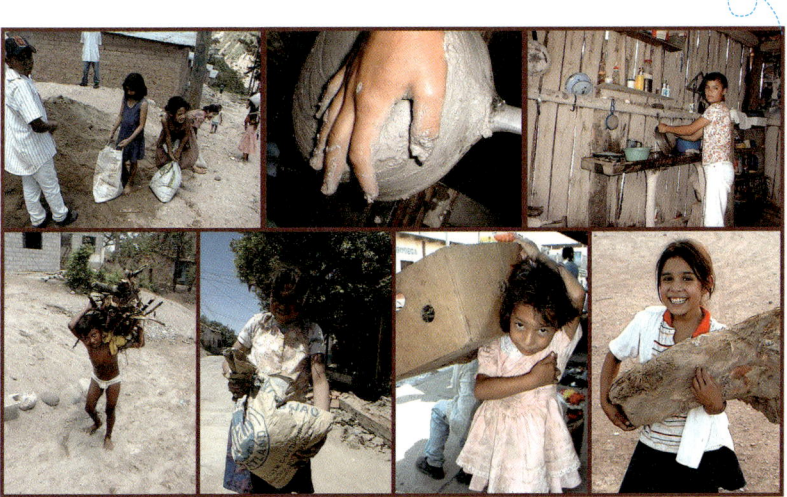

아니라 위급 상황에 처해 있는 어린이들과 저개발국 어린이들의 복지에도 눈을 돌렸어요. 그래서 기구의 명칭도 '유엔아동기금'으로 바꾼 거예요.

유니세프는 현재 190여 국의 가난한 나라 어린이들을 위해 활동하고 있어요. 이 어린이들의 질병 치료와 예방은 물론이고 식량을 주고, 어린이들의 생활과 환경을 개선하고 교육하는 데 노력을 기울이고 있지요. 이런 노력 덕분에 1965년에는 노벨 평화상을 수상했어요.

유니세프의 설립 정신은 국적이나 이념, 종교 등의 차별 없이 어린이를 구호한다는 뜻을 담아 '차별 없는 구호'예요. 그래서 제2차 세계대전이 끝난 뒤 승전국이나 패전국을 가리지 않고 어려움에 처한 어린이들을 돕기 시작했어요.

우리나라는 1950년 3월에 정식으로 가입하였는데, 1993년까지 많은 도움을 받았어요. 우리나라는 1988년에는 집행이사국이 되었고, 1994년 1월에 한국 유니세프 국가사무소가 유니세프 한국위원회로 바뀌면서 지원을 받는 나라에서 지원을 하는 나라로 바뀌었어요. 이것은 그만큼 우리나라의 경제력이 강해졌다는 증거예요.

그런데 국가사무소와 위원회는 어떻게 다른지, 여기서 잠깐 유니세프의 조직에 대해 알아볼까요?

유니세프는 정책을 결정하는 집행이사회와 실질적인 업무를 담당하는 사무국으로 이루어져 있어요. 집행이사회는 우리나라를 포함하여 36개의 이사국으로 구성되어 있어요. 사무국은 전 세계 개발도상국에서 이루어지는 유니세프의 실제적인 활동을 담당하는 곳이에요.

유니세프는 각 나라에 개발도상국형 기구인 국가사무소와 선진국형 기구인 국가위원회를 두고 있어요. 개발도상국에 설치되어 있는 국가사무소는 그 나라의 어린이를 돕기 위한 각종 지원 사업을 해요. 선진국에 설치된 국가위원회는 이러한 사업을 펼치는 데 필요한 기금을 마련하고, 자국 국민들에게 세계의 어린이 문제를 널리 홍보하는 역할을 하지요.

유니세프의 모든 활동은 각국 정부의 지원금과 개인의 자발적인 기부금으로 운영해요. 주로 국가위원회가 설치된 선진국들이 앞장서서 지원금을 모금하지요. 또 유명한 사람들을 친선대사로 임명하여 각종 홍보 활동과 기금 마련에 도움을 받고 있답니다.

더 알고 싶은 국제기구 이야기

유니세프 친선대사

유니세프는 존경할 만한 문화예술인이나 스포츠 스타들을 친선대사로 임명하여 여러 가지 도움을 받아요. 유니세프의 친선대사 제도는 1954년에 유명 코미디언 대니 케이가 임명되면서 최초로 시작되었어요. 사회적인 영향력을 갖고 있는 평판 높은 문화예술인들의 친선대사 활동은 많은 사람들의 참여를 이끌어 냈어요.

친선대사는 유니세프 본부에서 임명하는 '국제친선대사'와 각 국가위원회에서 임명하는 '친선대사'가 있어요. 현재 국제친선대사로 활동하고 있는 인물로는 축구 선수 데이비드 베컴과 리오넬 메시, 홍콩의 영화배우 성룡 등이 있답니다.

우리나라에도 국제친선대사로 활동하고 있는 인물이 있는데, 세계적인 피아니스트이자 지휘자인 정명훈 씨와 피겨 여왕 김연아

선수예요. 특히 김연아 선수는 가장 어린 나이에 국제친선대사로 임명되었지요. 정명훈 씨는 2008년에, 김연아 선수는 2010년에 유니세프 국제친선대사에 임명되어 어린이들을 위한 다양한 활동을 펼치고 있지요.

현재 유니세프 한국위원회의 친선대사로 활동하고 있는 사람은 영화배우 안성기 씨와 소리꾼 장사익 씨, 그리고 영화배우 김혜수 씨 등 3명이에요.

영화배우 안성기 씨는 1980년대부터 유니세프의 각종 행사에 자원봉사자로 참여해 왔고, 1993년에 친선대사에 임명되어 각종 홍보 활동과 기금 마련에 동참하고 있어요. 또 2015년 친선대사에 임명된 소리꾼 장사익 씨와 2017년에 친선대사에 임명된 배우 김혜수 씨는 다양한 공연과 구호 현장 방문, 캠페인 등을 통하여 유니세프 사업을 지원하고 있어요.

지금은 돌아가신 소설가 박완서 씨(1993년 친선대사 임명)와 디자이너 앙드레 김(2001년 친선대사 임명) 씨도 생전에 친선대사로 활동하셨답니다.

최초의 유니세프 친선대사, 대니 케이

대니 케이는 미국의 영화배우이자 가수, 그리고 코미디언으로 인기를 끌었던 유명한 스타예요. 1913년에 태어나 1987년에 생을 마감하였어요.

대니 케이는 1930년대 말에 단편영화의 조연으로 출연하면서 연예계에 등장했고, 1944년에 주연으로 출연한 영화가 성공을 거두면서 이름을 알리기 시작했어요. 이후 뮤지컬에서도 이름을 알렸고, 팬터마임과 같은 웃음을 주는 연기에 천부적인 재능을 발휘하여 미국인이 가장 좋아하는 예술인으로 확고한 지위를 누리게 되었어요.

대니 케이가 사람들에게 더욱 사랑을 받게 된 계기는 1954년에 유니세프의 친선대사가 된 것이에요. 그는 이때부터 전 세계를 돌아다니며 많은 어린이들에게 희망과 용기를 주었답니다. 군인들을 위한 자선공연도 많이 하여 우리나라에도 여러 차례 다녀갔고, 25년간 사회 활동을 하면서 5백만 달러나 되는 돈을 기부했어요. 대니 케이는 유명인이 사회적으로 어떻게 행동해야 하는지 좋은 본보기를 보여 준 사람이에요.

세계 모든
노동자들의 대변인

국제노동기구(ILO_International Labor Organization)

① **설립 연도:** 1919년
② **본부:** 스위스 제네바
③ **회원국:** 187개국
④ **우리나라 가입 연도:** 1991년

지금 우리 친구들이 잘 먹고, 잘 자고, 잘 입으며 풍족하게 살 수 있는 것은 모두 부모님 덕분이에요. 부모님이 열심히 일해서 돈을 벌기 때문에 우리가 편하게 생활할 수 있는 거예요. 그런데 우리 부모님이 열심히 일한 대가를 정당하게 받지 못한다면 어떨까요? 예를 들어 백만 원어치의 일을 했는데, 아예 한 푼도 못 받거나 오십만 원만 받는다면 너무 억울하지 않겠어요?

또 회사에서 사람들을 기계처럼 일만 시키고 쉬는 시간을 주지 않는다면 이것 또한 억울하지 않겠어요? 기계는 하루 24시간 쉬지 않고 일할 수 있지만 사람은 일정한 시간 일을 하고 나면 반드시 쉬어 주어야 하잖아요. 그런데 이런 휴식 시간을 지키지 않고 일을 시킨다면 이것 또한 매우 불합리한 일이지요.

이처럼 일을 하는 데 있어서 생기는 여러 문제들을 해결하기 위한 법이 노동법과 근로기준법이에요. 예전에는 노동자들이 정당한 대가를 받지 못하거나 매우 열악한 환경에서 일을 했어요.

세계 곳곳에는 아직도 열악한 환경에서 일하거나 정당한 대가를 받지 못하고 일하는 사람들도 많아요. 이런 문제들은 넓은 의미에서 보면 그 나라만의 일이 아니라 지구촌 전체의 일이기도 해요. 그래서 세계의 많은 나라들이 이런 문제들을 해결하기 위해 만든 기구가 바로 국제노동기구(ILO)예요.

국제노동기구는 노동문제를 다루는 유엔의 전문기구예요. 대부분의 국제기구들은 제2차 세계대전이 끝난 뒤에 설립된 경우가 많지만 국제노동기구는 1919년에 설립되었어요. 그만큼 오랜 역사를 지닌 기구랍니다.

이렇게 국제노동기구가 빨리 설립된 데는 산업화의 영향이 큽니다. 영국에서는 이미 18세기 말에 산업혁명이 일어났으니까요. 산업화가 되면서 노동자들이 정당한 대우를 받지 못하는 등 여러 가지 갈등이 생기기 시작했고, 19세기 후반부터는 유럽 전역에서 이런 노동문제가 빈번하게 일어났어요.

당시에는 국가 간 무역도 늘어났기 때문에 대부분의 나라들이 공통된 노동조건을 만들어 노동문제를 해결해야 할 필요성을 느끼게 되었어요. 그렇게 해서 만들어진 것이 국제노동기구예요.

국제노동기구는 영문 약칭인 'ILO'로 많이 불려요. ILO는 현재 187개국이 회원으로 가입되어 있고, 스위스 제네바에 본부를 둔 아주 큰 국제기구예요. 우리나라는 1991년에 152번째로 이 기구에 가입하였어요. 이 기구는 노동자들의 권리를 지키기 위해 노력한 공로를 인정받아 1969년에 노벨 평화상을 수상했답니다.

제네바에 있는 국제노동기구 본부 내부

ILO는 크게 총회, 이사회, 사무국으로 구성되어 있어요. 총회는 필요에 따라 수시로 개최되지만 최소한 매년 1회 이상 개최합니다.

그런데 ILO는 다른 국제기구와는 다른 특별한 점이 있어요. 다른 국제기구는 대부분 정부가 회원국의 대표로 있지만, ILO는 사용자(회사 주인)·노동자·정부 대표가 함께 회원국 대표로 되어 있다는 점이에요.

그러니까 총회는 각 회원국 대표 4명으로 구성되어 있어요. 4명 중 2명은 정부 대표이고, 나머지 2명이 각각 사용자와 노동자 대표예요. 노동문제가 발생했을 때 정부 입장과 사용자, 노동자 입장을 모두 들어 봐야 올바른 판단을 내릴 수 있기 때문에 이런 규정을 만든 거예요.

ILO의 헌장을 살펴보면, 이 기구가 어떤 활동과 역할을 하는지 쉽게 이해할 수 있어요. 먼저 1일 또는 1주당 일할 수 있는 적정 시간을 정해 놓았어요. 그리고 적절한 월급의 지급, 각종 질병과 부상으로부터 보호하고, 어린이와 여성의 보호, 다른 나라 노동자의 보호, 동일한 일에 대해서는 동일한 보수 지급 등의 내용이 ILO 헌장에 명시되어 있어요.

헌장에는 세계 평화에 공헌하자는 내용도 있어요. 노동문제와 세계 평화는 어떤 관계가 있을까요? 노동문제는 넓게 생각해 보

면 인간의 행복과 직결되어 있어요. 어떤 나라든 국민이 행복하지 않으면 갈등과 혼란이 생기게 되고, 그것은 결국 전 세계의 갈등과 혼란으로 이어지기 때문이에요. 그래서 ILO의 궁극적 목적도 세계 평화에 공헌하는 것이라고 볼 수 있어요.

ILO는 이런 목표들을 실행하기 위해 총회에서 '협약'과 '권고'를 채택해요. 협약은 일종의 약속인데, 이것은 어느 정도 강제력이 있어요. 만약 어느 나라가 총회에서 약속한 이런 협약을 지키지 않는다면 여러 가지 제재를 가할 수도 있어요. 그리고 권고는 글자 그대로 권하는 사항이라 특별한 강제력은 없어요. 하지만 모든 나라가 이 권고에 대해서도 귀를 기울여야 해요. 권고를 여러 번 해도 아무런 반응이 없으면 협약으로 바뀔 수도 있으니까요.

그래서 ILO에 가입된 나라는 노동자를 힘들게 하는 정책을 함부로 시행할 수 없고, 반드시 ILO에서 정한 기준에 따라서 처리해야 합니다.

더 알고 싶은 국제기구 이야기

어린이에게 노동을 시켜도 될까요?

　퀴즈를 하나 내 볼게요. 어린이들도 회사나 일터에서 돈을 받고 일을 할 수 있을까요? 정답은 '없다'예요. 하지만 지금도 제3세계 국가에서는 학교에 가지 못하고 일터에서 일하고 있는 어린이들이 많이 있어요. 우리나라는 법에서 어린이들은 일을 할 수 없다고 정해 놓았어요.

　예전에는 어린이들도 많은 일을 해야 했어요. 어린이들의 노동은 17세기 산업혁명 때부터 시작되었어요. 당시에는 대부분 가난했기 때문에 어린이들도 일할 수밖에 없는 상황이었지요. 당시 어린이 노동자 중에는 6~7세밖에 안 된 경우도 있었고, 일요일도 없이 하루 12시간에서 16시간씩 일을 했다고 해요. 그렇게 일하는데도 겨우 굶어죽지 않을 정도로만 밥을 주었다고 하니까 우리 친구

들은 상상도 할 수 없을 거예요.

　ILO는 1999년 6월 17일, 제네바 연례총회에서 18세 미만 미성년자의 가혹한 노동을 금지하는 '최악의 아동 노동 금지 협정'을 만장일치로 채택했어요. 하지만 이런 결정에도 불구하고 아직도 많은 나라에서 어린이들이 노동을 하고 있어요. ILO의 통계에 따르면 전 세계적으로 5~14살 사이의 어린이 2억 5천만 명이 일을 하고 있답니다. 이들 중 약 5천만 명은 매우 위험한 일을 하고 있어요. 앞으로 ILO가 더욱 열심히 활동하여 어린이들이 더 이상 일하지 않았으면 좋겠어요.

　현재 우리나라는 어린이 노동은 완전 금지되어 있고, 만약 이

일하고 있는
어린 소녀와 소년

를 어기면 징역 10년 이상의 형을 받을 수 있어요. 일부 서아시아 국가에서는 어린이에게 노동을 시키다가 걸리면 150~300대의 태형에 처한다고 해요. 법이 엄격하기로 유명한 싱가포르에서는 200~450대의 태형에 처한다고 해요.

매년 6월 12일은 세계 어린이 노동 반대의 날

　국제노동기구가 1999년 아동의 노동을 금지하는 '최악의 아동 노동 금지 협정'을 만장일치로 채택했지만 그 이후에도 세계의 많은 어린이들이 여전히 힘든 일을 하고 있어요. 그래서 국제노동기구는 어린이 노동의 현실을 더욱 많은 사람들에게 알리고, 어린이 노동을 금지하기 위해 2002년부터 6월 12일을 '세계 어린이 노동 반대의 날'로 지정했어요. 하지만 지금도 7천4백만 명의 남자아이와 4천1백만 명의 여자아이들이 위험한 노동에 참여하고 있어요. 또한 그중 10세 미만의 어린이들도 7천3백만 명이나 된답니다. 해마다 일터에서 사망하는 어린이들의 숫자도 2만 2천 명이나 된다고 합니다.

　어린이들이 이렇게 위험한 노동을 계속하는 가장 큰 원인은 가난이에요. 국가가 기본적으로 제공해야 할 보건과 교육 서비스들이 제대로 제공되지 않을 경우, 어린이들이 가장 큰 피해자가 되는 거지요. 생계를 보장받지 못하는 상태에서 교육조차 제대로 받지 못하면 가난한 아이들은 결국 일터로 끌려가게 되지요.

　어린이들이 노동보다는 학교로 돌아가 꿈을 키우기를 바라는 마음에서 6월 12일에는 각국 정부가 여러 가지 캠페인을 벌이고 있답니다.

환경과 문화를 위한 국제기구

Greenpeace
그린피스

GCF
녹색기후기금

ICO
국제커피기구

아름다운 지구를 만들자

그린피스(Greenpeace_Green Peace)

① **설립 연도:** 1971년
② **본부:** 네덜란드 암스테르담
③ **조직:** 전 세계 26개 국가/지역 기구
④ 그린피스 한국 사무소 설치 운영

그린피스(Greenpeace)는 우리말로 해석하면 '녹색 평화'인데, '녹색과 평화' 하면 무엇이 떠오르나요? 녹색은 일반적으로 자연을 대표하는 색이라고 알려져 있어요. 자연과 평화가 함께 있으니까 '환경'이라는 단어가 자연스럽게 떠오르지요.

그린피스는 국제적인 환경보호 단체예요. 조금 더 설명을 하자면, 멸종 위기에 있는 동물들을 보호하고, 환경을 더럽히는 사람들과 맞서 싸워 환경 파괴를 막고, 깨끗한 자연을 만들기 위해 활동하는 단체랍니다. 한마디로 아름다운 지구를 만들기 위해 노력하는 단체예요.

그린피스는 원래 핵실험을 반대하는 단체로 출발했어요. 핵은 우리 인류를 한순간에 파멸시킬 정도로 강력한 물질인데, 강대국들은 오래전부터 핵을 개발하고 있었어요.

사람들은 당연히 강대국들의 핵실험을 반대했고, 1971년에 캐나다에서 12명의 환경보호 운동가들이 핵실험에 반대하는 단체를 만들게 되었지요. 그게 바로 그린피스인데 핵실험 반대 단체에서 출발하여, 세계적인 환경보호 단체가 된 거예요.

원래 이 단체의 이름은 핵실험을 하지 말라는 의미의 '해일을 만들지 마시오'였다고 해요. 보통 핵실험은 육지에서 멀리 떨어진 바다에서 하는데, 그 폭발력 때문에 바다에서는 거대한 해일이 일어나요. 그러니까 '해일을 만들지 마시오'는 핵실험을 하지 말라는 간접적인 의미랍니다. 그래도 단체의 이름이라고 하기에는 좀 이상하지요? 그린피스 사람들도 그런 생각을 했던 모양이에요.

'그린피스'라는 이름은 이들이 핵실험 반대 시위를 나가는 배 중앙에 건 녹색 깃발에 적힌 이름이었어요. '그린피스'가 상징하는 녹색의 지구와 평화라는 의미가 그들이 하는 일과 잘 어울린다고 생각하여 단체의 이름으로 정했다고 해요.

그린피스의 활동은 처음에는 별로 알려지지 않았어요. 그런데

그린피스의 레인보우 워리어호

1985년 7월에 일어난 '레인보우 워리어호 폭파 사건'은 그린피스의 활동을 전 세계에 알리는 중요한 사건이에요. 그린피스 소속의 대표적인 선박인 레인보우 워리어호는 일본의 히로시마 원폭 투하 40주년을 맞아 1985년 8월 6일에 프랑스 핵실험 기지쪽으로 시위 항해할 예정이었어요. 그런데 7월 10일, 핵실험 기지로 떠나기 위해 뉴질랜드 오클랜드 항에 정박해 있던 배가 폭파되는 사건이 발생했어요.

이 사건에 프랑스 정부가 관여했다는 사실이 밝혀졌고, 프랑스 국방장관이 사임하면서 전 세계의 주목을 받게 되었지요. 이 사건을 계기로 많은 사람들이 그린피스의 활동에 대해 알고 동참하게 되었답니다.

시위 중인 그린피스 회원들

그린피스도 비정부기구로 활동하고 있어요. 그린피스가 비정부기구로 활동하는 이유는 이들의 환경보호 활동이 각 나라의 입장과 많이 부딪히기 때문이에요. 핵실험을 하는 강대국이나 개발을 목적으로 함부로 자연을 훼손하는 나라들은 그린피스와 입장이 완전 달라요. 그래서 그린피스는 어떤 나라의 정부에서도 지원금을 받지 않아요. 정부로부터 돈을 받으면 이해관계 때문에 그 나라에서 제대로 된 활동을 하기가 어려워지니까요. 이들은 오로지 개인이나 단체의 후원금으로 모든 활동을 해 나가고 있답니다.

현재 그린피스는 전 세계 26개 국가/지역 기구(각 국가/지역 기구에는 여러 개의 국가사무소가 있음.)를 두고, 3백만 명에 가까운 후원자들을 갖고 있어요. 아쉽게도 우리나라에는 아직 그린피스 국가/지역 기구가 없고 사무소만 있어요. 그린피스는 회원이 많은 나라에 국가/지역 기구를 설치하는데, 우리나라에는 그만큼 회원이 많지 않은 거지요. 앞으로 많은 사람들이 환경보호에 보다 관심을 가져서 아름다운 지구를 만들어 나갔으면 좋겠어요.

〈그린피스가 펼치고 있는 캠페인 활동〉

고래 보호

참치 남획 반대

남극해 보존

원전 없는 한국

더 알고 싶은 국제기구 이야기

고래잡이부터 핵실험까지, 그린피스가 반대해!

그린피스가 핵실험 반대 운동 외에 처음으로 벌인 활동이 고래잡이 반대 시위였어요. 고래는 멸종 위기에 처해 있던 동물이기 때문에 보호해야 할 필요가 있었어요. 고래잡이 반대 시위는 환경 담당 기자이자 그린피스의 두 번째 회장이었던 로버트 헌터가 주도했어요.

1975년, 2만여 명의 환송을 받고 밴쿠버를 출항한 그린피스 1호는 캘리포니아 연안에서 소련의 포경선(고래잡이배)들을 발견했어요. 그린피스 대원들은 작은 고무보트를 타고 포경선과 고래 사이를 누비며 고래잡이를 방해했어요. 그러자 포경선 선원들이 마구 작살을 쏘아 대는 바람에 그린피스 대원들이 다칠 수도 있는 위험한 상황이 발생했어요. 하지만 그린피스 대원들은 위험을 무릅

쓰고 참혹하게 죽어가는 고래의 모습을 촬영하여 세상에 공개했어요. 그 장면을 본 사람들은 분노에 휩싸였어요.

이 사건을 계기로 고래잡이 반대 시위에 많은 사람들이 동참하게 되었고, 아울러 많은 후원금도 받게 되었어요. 이런 노력으로 그린피스는 국제포경위원회(IWC)의 고래잡이 금지 결정도 이뤄 냈어요. 현재는 연구 목적 이외의 고래잡이는 사실상 금지되었다고 해요.

1993년에 있었던 기름 유출 사건에서도 그린피스는 적극적인 활동을 펼쳤어요. 1993년 초 영국 근해에서 유조선이 침몰하여 8만 5천여 톤의 원유가 바다로 새어 나가는 일이 생겼어요. 그린피스는 즉시 해양학자, 석유 전문가, 수의사 등을 파견하여 구조 활동을 벌였지요. 기름을 뒤집어쓴 새들을 구조하였고, 바다에 퍼진 기름을 제거하고 바다 동물들을 구조하였어요. 뿐만 아니라 영국 정부로부터 유조선의 안전 문제와 환경적으로 중요한 지역에는 유조선이 출입할 수 없도록 하는 조치를 이끌어 냈어요.

화학 폐기물이나 방사능 폐기물 등을 바다에 버리지 못하게 알리는 작업도 그린피스의 활동 중 하나예요. 비싼 처리 비용을 아끼기 위해 방사능 폐기물을 몰래 바다에 버리는 나라가 많거든요. 방사능 폐기물 등은 우리 인체에 매우 해롭기 때문에 안전하게 처리해야 해요.

그린피스는 환경보호를 위반한 나라들에게 다양한 방법으로 제재를 가해요. 그 나라의 제품 불매운동도 그런 방법 중 하나예요.

남극해를 사수하라

포획 금지 조치에도 불구하고 비밀리에 고래를 잡고 있는 노르웨이 같은 나라의 제품에 대해서는 실제로 불매운동을 벌이기도 했어요.

현재 그린피스는 기후변화 방지, 원시림 보호, 해양 보호, 고래잡이 방지, 유전자조작 반대, 핵위협 저지, 독성 물질 제거, 전쟁 반대 등 다양한 활동을 하고 있어요. 이런 모든 활동의 궁극적인 목적은 바로 아름다운 지구를 만들기 위해서이지요.

국제포경위원회(IWC)는 어떤 일을 하나요?

국제포경위원회는 고래의 보존과 포경 산업의 질서 있는 발전을 위해 1946년에 설립한 국제기구예요. 이 위원회는 무분별한 고래잡이로 전 세계의 고래가 멸종 위기에 놓이자 1986년부터 밍크고래를 비롯한 고래 12종에 대한 상업적 고래잡이를 금지시켰어요. 하지만 국제포경위원회의 결정은 강제성이 없기 때문에 아직도 많은 나라에서 고래잡이를 한다고 해요.

환경 분야의 세계은행

녹색기후기금(GCF_Green Climate Fund)

① **설립 연도:** 2010년 12월
　　　　　　(2013년 공식 출범)
② **본부:** 대한민국 인천 송도
③ **기금 설계위원회:** 40개국
　　　　　　(선진국 15개국, 개발도상국 25개국)
④ 우리나라는 개발도상국으로 설계위원회 참여

2012년 10월 20일은 우리나라가 국제기구의 사무국을 처음으로 유치한 날이에요. 게다가 이 국제기구는 규모가 세계에서 몇 손가락에 안에 들 정도로 컸어요.

이 국제기구는 바로 녹색기후기금(GCF)이에요. 녹색기후기금은 개발도상국의 온실가스 감축과 기후변화 적응을 지원하기 위해 만든 유엔 산하의 국제기구예요.

과학기술이 발전하면서 생긴 가장 심각한 문제 중 하나가 바로 환경오염이지요. 그래서 지금 세계는 환경오염과 전쟁을 치르고 있다는 말까지 나오고 있어요. 환경오염은 우리의 생명과 직결된 문제이기 때문이에요. 환경오염에도 여러 종류가 있지만 그중에서도 대기오염은 아주 심각한 상황이에요.

'지구온난화'란 글자 그대로 지구가 점점 따뜻해지고 있다는 말이에요. 지구가 점점 따뜻해지면 어떤 일이 발생할까요? 지구의 온도도 일정 수준을 유지하지 못하고 자꾸 높아지면 지구상에 있는 모든 생명체가 살아남기 어려울 거예요. 이런 지구온난화의 주

범이 바로 이산화탄소 같은 온실가스예요. 온실가스는 대부분 자동차의 배기가스나 공장의 매연 등에서 만들어진답니다.

그래서 국제사회에서는 갈수록 심각해지는 지구온난화를 방지하기 위해서 여러 가지 방법을 찾기 시작했어요. 그렇게 해서 만든 것이 이산화탄소를 비롯한 온실가스의 방출을 제한하자는 유엔기후변화협약(UNFCCC)이에요. 이 협약은 1992년에 체결되었고, 현재 198개국이 회원국으로 참여하고 있어요. 지구에 있는 대부분의 나라가 지구온난화를 걱정하고 있는 거지요.

지구온난화가 심해지면서 생긴 가장 큰 문제가 바로 기후변화예요. 어떤 지역은 폭우를, 또 어떤 지역은 심각한 가뭄을 겪었어

요. 또 남·북극의 빙하가 녹으면서 해수면이 상승하는 등 지구상에 심각한 피해가 발생했어요. 가끔 뉴스에서 홍수를 당해 삶의 터전을 잃어버린 사람들과 가뭄이 들어 물 한 방울 못 마시고 죽어가는 사람들도 보았을 거예요. 이것 또한 지구온난화의 영향이에요.

특히 이런 기후변화의 피해를 많이 입는 후진국이나 개발도상국을 돕기 위해서 국제기구의 설립이 필요하다는 데 많은 나라들이 공감하게 되었어요. 그렇게 해서 만든 기구가 바로 녹색기후기금이에요. 한마디로 녹색기후기금은 기후변화로 인해 피해를 입은 개발도상국을 지원하려고 설립한 국제기구예요. 유엔기후변화협약을 한 단계 더 발전시킨 기구라고 생각하면 돼요.

그럼 녹색기후기금이 어떻게 설립되었고, 어떤 규모의 국제기구인지 좀 더 알아볼까요? 이 기구는 2010년 12월에 유엔의 산하기구로 만들자고 합의하고, 2011년 12월에 기금 설계 방안을 채택했어요. 그런데 이 기금 설계 방안 내용에 세계가 깜짝 놀랐어요. 2012년부터 2015년까지는 연간 300억 달러, 2020년부터는 연간 1천억 달러의 어마어마한 기금을 마련한다는 내용이었거든요. 녹색기후기금은 아시아에 유치되는 최초의 대규모 환경관련 국제기구라는 점에서 의미가 아주 크답니다.

현재 녹색기후기금은 개발도상국과 선진국으로 구분된 총 24개국의 이사국과 대리이사국으로 구성되어 있으며, 우리나라는 개발도상국의 대리이사국에 소속되어 있어요.

녹색기후기금은 2013년 출범 이후 지금까지 조성된 기금으로 개발도상국의 온실가스 감축과 기후변화 적응 사업에 20억 달러 이상을 투자했고, 그 결과 많은 양의 온실가스를 감축하는 결과를 이루어 냈다고 해요.

더 알고 싶은 국제기구 이야기

녹색기후기금 사무국 유치의 의미는?

국제기구의 사무국이 우리나라에 있으면 어떤 점이 좋을까요? 먼저 우리나라의 국제적 위상이 높아져요. 1988년 서울 올림픽이 열리기 전만 해도 대한민국이라는 나라가 어디에 있는지 모르는 세계인들이 많았다고 해요. 지금은 많은 세계인들이 대한민국을 알고 있고, 좋은 인상을 갖고 있어요. 더구나 이번 녹색기후기금의 사무국 유치로 인해 우리나라의 국제적 위상은 한층 높아졌다고 할 수 있지요.

또한 여러 방면에서 경제적 효과도 기대할 수 있어요. 국제기구의 사무국이 있다는 것은 그만큼 우리나라가 세계적으로 인정받고 있고, 믿고 투자할 수 있는 나라라는 뜻이기도 하거든요. 당연히 경제 발전을 기대할 수 있지 않겠어요?

GCF 인천 송도 유치 확정

　게다가 사무국이 들어서면 그곳에서 많은 사람들이 일하게 될 거예요. 세계 여러 나라 사람들이 직원으로 근무하겠지요. 또한 회의 참석차 한국을 찾는 사람들까지 감안하면 매년 수천 명의 국제 지도자들이 우리나라를 방문할 거예요. 그렇게 되면 국제회의, 관광, 전시회 관련 서비스 산업도 활성화될 거예요.

　또 수천 억 달러의 기금이 우리나라에 들어오게 되어 금융 산업도 한층 더 활발해질 거예요. 이처럼 녹색기후기금 사무국의 우리나라 유치는 많은 의미가 있답니다.

정치인 앨 고어가 아닌 환경 운동가 앨 고어

　앨 고어는 미국의 부통령을 지낸 유명한 정치인이에요. 그러나 부통령 퇴임 이후에는 완전히 정치와는 인연을 끊고 세계 각지를 돌아다니며 지구 온난화의 심각성과 환경의 중요성을 알리는 활동을 했어요. 이런 환경 활동에 대한 공로로 2007년에는 노벨 평화상을 공동 수상하기도 했어요.

앨 고어는 정치인 집안에서 태어나 1976년부터 정치인의 길을 걸었어요. 사람들이 앨 고어라는 인물에게 큰 관심을 가지게 된 건 2000년 미국 대통령 선거 때였어요. 당시 앨 고어는 클린턴 대통령 시절 부통령을 지냈는데, 2000년에는 미국 대통령 선거에서 민주당의 대통령 후보로 나섰어요.

당시 선거에서 앨 고어는 총 투표수에서는 상대편 후보인 부시 대통령보다 많은 표를 얻었으나 선거인단 투표에서 지는 바람에 선거에서 패배했어요. 미국의 선거 제도는 국민들이 선출한 선거인단의 투표에 의해 대통령이 결정되거든요. 국민들이 선출한 국회의원들이 투표를 통해 대통령을 선출하는 방식이라고 이해하면 돼요. 앨 고어는 재검토를 하면 승부를 뒤집을 수도 있는 상황이었지만 결과에 깨끗이 승복해서 사람들의 박수를 받았답니다.

앨 고어는 다음 대통령 선거에서도 유력한 후보로 거론되었지만 정치인의 욕심을 깨끗이 버리고 환경 운동가로 새 출발을 했어요. 그래서 더 많은 사람들에게 존경을 받고 있는지도 모르겠어요.

지금은 커피 전성시대, 우리가 필요해

국제커피기구(ICO_International Coffee Organization)

① **설립 연도:** 1963년
② **본부:** 영국 런던
③ **가입국:** 75개국
　　(커피 수출국 42개국, 커피 수입국 33개국)
④ 현재 우리나라는 가입하지 않았음.

　전 세계 사람들이 물 다음으로 많이 마시는 것이 커피래요. 우리나라에도 최근에 커피 전문점이 많이 늘어났어요. 통계에 따르면 2018년 한 해 동안 우리나라 성인 1명이 마신 커피가 353잔이라고 해요. 거의 하루에 한 잔은 마셨다는 이야기지요.

　우리나라가 이 정도이니 전 세계에서 소비하는 커피 양은 어마어마하겠지요? 그런데 커피를 생산할 수 있는 나라는 70여 개국에 불과해요. 게다가 다른 나라에 수출할 수 있을 정도로 생산하는 나라는 그다지 많지 않아요.

이처럼 커피를 원하는 사람이 많아지자 제한적으로 생산되는 커피 문제를 관리하는 기구를 만들게 되었어요. 커피 때문에 일어날지도 모르는 나라 간의 분쟁을 예방하고, 커피를 원활하게 공급하기 위해서는 그것을 관리해 줄 기구가 필요하다는 데 많은 나라가 공감했던 거예요.

나무에 달린 커피 열매

1962년, 커피를 생산하는 국가와 수입하는 국가들이 모여서 '국제커피협정'을 맺었어요. 커피 때문에 서로 싸우는 일은 피하자는 뜻에서 만든 협정인데, 커피의 안정적인 공급과 가격, 품질 향상에 관한 내용들을 다루었어요. 마침내 1963년에 영국 런던에 본부를 둔 국제커피기구가 탄생했어요.

국제커피기구는 커피를 생산하여 수출하는 나라와 수입하는 나라가 회원으로 가입했어요. 현재 국제커피기구 수출 회원국은 42개국이고, 수입 회원국은 33개국이에요. 우리나라는 아직 이 기구에 가입하지 않았어요.

다양한 커피를 한 번에 만날 수 있는 커피 박람회

　국제커피기구는 국제커피이사회, 집행위원회, 재무위원회 및 사무국 등을 운영하고 있어요.
　국제커피이사회는 수출국 및 수입국 등 모든 가맹국을 포함하고 있는 최고 의사 결정 기관이에요. 총회 같은 성격을 띤 기관으로 연 2회 정기 회의와 특별 회의를 개최해요.
　집행위원회는 이사회의 하부 기관으로 수출 회원국 8개국과 수입 회원국 8개국의 대표로 구성되었어요. 집행위원회는 커피에 관한 중요한 사항들을 결정하는데, 특히 평일의 커피 가격을 4가지로 분류하여 발표하는 일을 해요. 가격과 관련된 일을 하니까 많은 나라에서 관심을 가지고 있는 중요 기관이랍니다. 여기에서

발표하는 가격에 따라 시중에 판매하는 커피의 가격이 결정되기 때문이지요.

국제커피기구에서는 커피의 종류를 크게 4가지로 분류하여 가격을 정한답니다. 향기와 감칠맛이 나는 콜롬비아 마일드, 중남미 지역에서 주로 생산하는 기타 마일드, 최대 커피생산국인 브라질과 에티오피아에서 생산하는 브라질 내추럴, 인스턴트 커피로 많이 사용하는 로부스타가 있어요.

전 세계인이 물 다음으로 많이 마시는 것이 커피라면 그 커피의 모든 것을 관리하는 국제커피기구 또한 매우 중요한 기능을 하는 단체라고 볼 수 있겠지요.

더 알고 싶은 국제기구 이야기

최초의 커피 전문점

1554년, 현재의 이스탄불인 콘스탄티노플에 세계 최초의 커피 전문점이 생겼다고 해요. 당시 커피 전문점은 음악을 듣거나 체스(서양 장기)를 두고, 토론을 하는 장소였어요. 또 이 커피 전문점은 지식인들이 많이 드나들었기 때문에 '지혜로운 곳'이라고 불렸답니다.

유럽 최초의 커피 전문점은 1645년에 이탈리아 베니스에서 문을 열었어요. 또 1687년 비엔나에 문을 연 커피 전문점은 군인이었던 게오르그 콜시스키가 세웠어요. 그는 비엔나를 점령하고 있던 터키 군이 후퇴하면서 남기고 간 커피 5백 포대를 받아 커피를 추출했어요.

터키를 물리친 기념으로 이슬람제국의 상징인 초생달 모양의 케이크를 만들어 커피와 함께 손님에게 접대했는데, 이것이 관습

이 되어 오늘날에도 중부 유럽에서는 커피와 함께 케이크를 먹는 답니다.

고양이 배설물로 만든 커피가 있다고요?

정말 고양이 배설물로 만든 커피가 있을까요? 놀라지 마세요. 그런 커피가 있는 것은 물론이고, 그것도 세계에서 가장 비싼 커피라고 해요. 배설물이라고 하니까 좀 지저분하다는 생각이 들지만 그 과정을 알고 나면 생각이 달라진답니다.

고양이 배설물로 만든 세계에서 가장 비싼 커피의 이름은 바로 '코피 루왁'이에요. 코피는 인도네시아어로 '커피'를 뜻하고, 루왁은 현지어로 '말레이사향고양이'를 뜻하는 말이에요. 이 코피 루왁은 인도네시아의 대표적인 커피로, 커피 열매를 먹은 사향고양

5장. 환경과 문화를 위한 국제기구

이의 배설물에서 커피 씨앗을 채취하여 가공하는 커피랍니다.

사향고양이가 커피 열매를 먹어도 커피 콩은 소화되지 않고 배설되기 때문에 커피 원료로 사용할 수 있어요. 소화기관을 거치는 동안 커피 콩에 향기로운 맛이 더해진답니다.

사향고양이 수가 많지 않기 때문에 생산되는 코피 루왁도 1년에 500킬로그램 정도라고 해요. 아주 적은 양이 생산되기 때문에 값이 비싸기도 하겠지만, 비싼 커피 값 때문에 아직은 사람들이 많이 찾지 않고 있답니다.

호주에 있는 어느 커피숍에서는 코피 루왁을 한 잔에 우리나라 돈으로 6~7만 원에 판매하고 있는데, 일주일에 4잔 정도만 팔린다고 해요. 일반적인 커피보다 10배 이상 비싼 가격이지만 워낙 독특한 커피이니 한 번쯤 맛을 보고 싶지요?

커피의 열풍을 타고 나타난 바리스타

최근 커피 전문점이 늘어나면서 새롭게 인기를 끌고

커피를 추출하고 있는 바리스타

있는 직업이 바리스타예요. 바리스타는 즉석에서 커피를 전문적으로 만들어 주는 사람을 말해요. 바리스타는 이탈리아어로 '바 안에서 만드는 사람'이라는 뜻을 가진 말이에요. 바에서 칵테일을 만드는 사람으로 '바텐더'가 있는데, 바리스타는 바텐더와 구분해서 커피를 만드는 전문가를 가리키는 말이에요.

커피와 고종 황제

1896년 몹시 추운 겨울 어느 날 고종이 러시아 공사관으로 황급히 피신을 하지요. 바로 '아관파천'이에요. 고종은 이후 러시아 공사관에 머물면서 웨벨 공사의 처형인 독일계 러시아인 손탁의 권유로 커피를 접하게 되었고, 그때부터 커피 애호가가 되었다고 해요.

커피를 좋아했던 고종 황제

그러나 다른 기록에 의하면 아관파천이 일어나기 13년 전에 이미 커피는 조선에 들어와 있었다고도 해요.